Gott ist ein Träumer!
Und was sind wir?!
S. B.

Gott ist ein Träumer

und was sind wir?!

S.B.

1. Auflage
Deutsche Erstausgabe Februar 2024
© S. B.

Umschlaggestaltung & Satz: Laura Newman
Lektorat und Korrektorat: Gina Haase

Herstellung und Verlag: BoD – Books on Demand, Norderstedt
ISBN: 978-3-7583-0045-5

Hallo.

Hallo.

Schön, dass du da bist.

Sehr gerne. Was hast du auf dem Herzen?

Ich habe vorhin ein Lied im Radio gehört, das hat mich
ziemlich aus der Fassung gebracht.

Ein Lied?

Ja.

Worum ging es?

Um das »Träumen«. Nicht aufzuhören, zu träumen.
Und das hat mich irgendwie so berührt, dass ich das
Bedürfnis hatte, es jemandem zu sagen.

Oh. Tatsächlich?

Ja.

Um warum gerade ich?

Weil du Ahnung von so etwas hast?

Ist das so?

Es war im Grunde schon ziemlich kitschig, aber ich bin voll darauf angesprungen.

Na ja, wenn es dich berührt hat, dann ist das eben so. Kitsch hin oder her. Ich finde es ja ganz amüsant, dass du überhaupt auf so etwas reagierst.

Es hat mich tatsächlich selbst gewundert. Das war plötzlich da, wie aus dem Nichts. Aber vielleicht kannst du mir ja helfen, das mal ein wenig zu entwirren? Also in so einen Zustand war ich schon lange nicht mehr...

Was genau soll ich jetzt entwirren?

Wenn ich das mal so konkret wüsste. Aber allein die Tatsache, dass ich mich eben so gefühlt habe, wie ich mich gefühlt habe, gibt mir schon zu denken.

Warum?

Weil es so intensiv war. Ich meine dieses Gefühl.

Aber hat es sich denn gut angefühlt? Oder eher nicht?

Doch gut. Also »gut« ist vielleicht der falsche Ausdruck. Eher berührend. Wie ich schon sagte. Und als ob mir dieses Gefühl etwas sagen wollte. Kannst du da was mit anfangen?

Aber sicher. Du denn nicht?

Doch. Aber bevor ich mir meine eigenen Gedanken mache, frage ich doch lieber sofort den Experten.

Das sieht dir ähnlich.

Wieso?

Weil du einfach denkfaul bist.

Das wäre aber jetzt eher negativ ausgedrückt.

Das ist auch so gemeint.

Man könnte ja auch sagen, ich nutze deine Expertise, um keine unnötige Lebenszeit verstreichen zu lassen, Energie zu sparen und effizient voranzuschreiten.

Bist du sicher, dass du kein Fieber hast?

Du predigst doch immer, ich soll mich um Wesentliches kümmern - was ich selber gut kann machen, und den Rest für andere lassen.

Das ist jetzt schon einigermaßen aus dem Zusammenhang gerissen. Und ich halte die Tatsache, dir deine eigenen Gedanken um deinen emotionalen Zustand zu machen, für sehr wesentlich.

Na schön. Wir müssen ja nicht einer Meinung sein.

Also ziehen wir das mal nicht unnötig in die Länge. Deine Frage zielte, meinem Verständnis nach, ja darauf ab, ob dir dein plötzlich auftretender Zustand etwas sagen wollte. Richtig?

So ungefähr.

Na gut. Dann antworte ich jetzt mal mit: »Ja«.

Und?

Was »und«?

Eine etwas knappe Antwort.

Na und? Ich mache es wie du. Spare Zeit und Energie. Was denn noch? Soll ich etwa ein Referat halten?

Vielleicht einfach etwas mehr als ein »ja«? Eine kurze Erklärung wäre schön.

Hinsichtlich deines Gemütszustandes?

Genau.

Ich kann das schon machen. Was du allerdings im Hinterkopf haben solltest: Ich müsste dafür erheblich ausholen - einen einfachen Erklärungsversuch gibt es nämlich nicht.

Nicht?

Jedenfalls nicht bei mir.

Aber warum so geheimnisvoll? Ich meine, es geht hier scheinbar um das Thema »Träume«. Vielleicht kein Alltagsthema, aber doch auch keine große Sache, oder?

Es kommt vielleicht darauf an, was du mit diesem Thema verbindest. Und das scheint ja für dich eher harmloser Natur zu sein. Auf der anderen Seite passt deine Reaktion nicht wirklich dazu. Also gehe ich mal davon aus, dass du das Ganze unterschätzt. Dass da mehr ist, als nur dieses harmlose Wort »Träumen«.

Meinst du? Vielleicht hätte ich gar nicht fragen sollen?

Das ist Quatsch. Wenn du das Bedürfnis nach Austausch hattest, dann hat das schon seinen Grund. Die Frage ist nur, was wir damit machen...

Alles, aber nichts Unangenehmes.

Das ist immer relativ.

Ich wusste, dass du das sagen würdest.

Aufklärung tut manchmal weh. Muss nicht - aber kann. Dafür läuft es hinterher meistens umso besser.

Was ist »hinterher«?

»Hinterher« bedeutet: Nach der Erkenntnis.

Denkst du, die stellt sich bei mir ein?

Das werden wir sehen. Wir könnten ja mal anfangen und schauen, wo wir landen?

Na schön. Aber irgendwie fühlt es sich gerade an, als ob ich nicht hätte fragen sollen. So ein bisschen wie Achterbahn, kurz bevor es losgeht.

Ah ja? Vielleicht an der Stelle, wo dein Wagon gerade hochgezogen wird, sich ausklingt und dann...

Ja, genau da.

Ich finde, du übertreibst.

Ich nicht.

Na schön. Vielleicht fangen wir einfach an und ziehen diesen speziellen Augenblick nicht noch künstlich in die Länge.

Ja bitte, mach einfach. Ich mache schon mal die Augen zu...

Wo genau sollen wir anfangen?

Das solltest du doch wissen, oder?

Vielleicht da, wo du alleine nicht mehr weitergekommen bist. Also ziemlich direkt am Anfang?

Macht sicher Sinn.

Gut. Ich werde natürlich versuchen, methodisch vorzugehen. Auch wenn ich weiß, dass das mit dir nicht so einfach wird.

Ich werde versuchen, keine unnötigen Zwischenfragen zu stellen.

Das wäre dann tatsächlich das erste Mal. Aber weil es hier offensichtlich nicht ausschließlich auf ein Gespräch zwischen zwei Freunden hinausläuft, wäre es doch gut, wenn dich auch die Anderen ein wenig näher kennenlernen würden, oder?

Was soll das bringen?

Das schafft etwas mehr Nähe? Und hier und da vielleicht etwas mehr Verständnis? Schließlich geht es ja um deine Empfindungen bezüglich einer bestimmten Sache. Da kann etwas Hintergrundwissen vielleicht nicht schaden.

Na schön. An was hast du da gedacht?

Du könntest erzählen, wer du bist.

In welcher Form?

Wie sieht deine Historie aus? Einfach ein paar Sachen, ein paar Daten und Fakten, die uns helfen, dich mal so grob einzuordnen. Zum Warmwerden.

Du meinst, wie eine Art Steckbrief?

Warum nicht. Vielleicht wollen die Menschen ja einfach wissen und verstehen, warum du so eigenartige Fragen stellst.

Und das lässt sich wohl anhand meines Lebenslaufes ableiten?

Möglicherweise.

Ich weiß gar nicht, wo ich anfangen soll.

Aufgeregt?

Nein, aber irgendwie blockiert gerade.

Na schön. Vielleicht helfe ich dir auf die Sprünge. Könnte man sagen, dass du jemand bist, der vom Schreiben keine Ahnung hat, aber trotzdem schreibt?

Wahrscheinlich schon. Zumindest bin ich kein gelernter »Schreiber«, was auch immer das sein mag.

Genau. Gelernt hast du was? Also beruflich?

Ich habe mal Maurer gelernt.

Immerhin auch was mit den Händen. Und dann? Dein anschließender Beruf war...?

Polizist.

Ah ja. Auch ein sehr schöner Beruf. Auch was mit den Händen. Schießen, Strafmandate schreiben und in der Nase bohren.

Lass gut sein. Du bist gerade nicht besonders witzig.

Ich weiß. Wie lange warst du dort, wenn du es denn schon als Maurer nicht allzu lange ausgehalten hast?

Immerhin 13 Jahre.

Nicht schlecht. Und danach?

Erst einmal nichts. Ich bin auf Reisen gegangen.

Weil? Hattest du keine Idee, etwas anderes zu machen?

Nein, hatte ich nicht. Damals hatte ich für mein Leben tatsächlich keine andere Idee.

Warum hast du bei der Polizei aufgehört? Finger gebrochen?

Ich hatte keine Lust mehr.

Das klingt jetzt sehr beliebig. Keine Lust hat man, wenn man schon zwei Stunden die Straße gefegt hat. Ein Beruf, und gerade so einer, ist doch wesentlich komplexer. Was genau hat dich denn nicht weitermachen lassen?

Ich denke, im Nachhinein betrachtet war es die Tatsache, dass ich all das, was mich dort interessiert hatte, in ausreichendem Maße erlebt hatte.

Das klingt ja ansatzweise schon mal recht reflektiert. Aber wie hast du gemerkt, dass die Luft raus war? Warst du ständig übellaunig und hast unschuldige Bürger schikaniert?

Du hast Vorstellungen aus der Mottenkiste. Nein, ich habe es anfangs eigentlich gar nicht bemerkt. Aber irgendwann bin ich nicht mehr so gerne zum Dienst gefahren, wie zuvor. Und zuhause passte es auch nicht mehr wirklich. Ohne das ich das konkret an irgendetwas festmachen konnte.

Du warst verheiratet und ihr hattet ein Haus zusammen. Schön im Grünen, keine finanziellen Sorgen, Freundeskreis, Reisen, alles super. Oder?

Ja stimmt schon.

Kinder?

Nein.

Also, was war los? Ich meine, das klingt doch alles gar nicht so schlecht, oder?

Stimmt.

Was für ein Grundgefühl hattest du damals? Kannst du dich erinnern?

Grundgefühl heißt?

Welches Gefühl du durchgängig während der ganzen Zeit hattest? Es ist natürlich klar, dass du in Summe viele Gefühle hattest. Also, das mutmaße ich zumindest. Aber kannst du sagen, ob sich unterschwellig ein bestimmtes Gefühl, ein bestimmter Zustand durchgezogen hat? Der dich sozusagen permanent begleitet hat?

Puh, schwer zu sagen. Also während dieser Phase war es wohl irgendwie eine Grundstimmung von Langeweile. Oder irgendwie das Gefühl, vom wahren Leben getrennt zu sein. Zumindest teilweise und dann aber zunehmend.

Was war denn das »wahre Leben«?

Na, dass ich meine Freunde hatte, Reisen, rumbasteln am Haus und so weiter.

Deine Frau war wohl kein Bestandteil dieses »wahren Lebens«?

Doch natürlich.

Und warum hast du sie nicht erwähnt?

Hätte ich noch können...

Hast du aber nicht.

Und was sagt dir das jetzt?

Eine Menge. Ist aber noch nicht wichtig. Verstehe ich dich richtig, dass alles so ein wenig matt war, wenig aufregend und schon mal gar nicht berührend?

Ja, das passt schon.

Könnte man denn so weit gehen, dass man dich zum damaligen Zeitpunkt als depressiv hätte einordnen können? Ich meine, wenn ein Psychologe seine Einschätzung zu deinem Zustand hätte geben müssen?

Vielleicht.

Vielleicht?

Ja, vielleicht wahrscheinlich.

Das klingt jetzt nicht schlecht! »Ist Herr B. depressiv, *Herr Psychologe?*« »*Ja, vermutlich, vielleicht, wahrscheinlich. Glaube ich. Aber um sicher zu gehen, frage ich lieber noch mal das Orakel!*«

Du kannst es nicht lassen.

Gönn mir doch den Spaß. Aber ich denke tatsächlich, mit dieser Diagnose hätte sich ein Fachmann nicht um Kopf und Kragen diagnostiziert, oder? Mit anderen Worten: Ja. Du hattest wohl eine Depression. Die Frage wäre nur: Warum - und wie bist du da rausgekommen? Und wenn ich wieder mal etwas provokant sein darf: Warum hast du immer wieder solche Anwandlungen?

Das klingt jetzt etwas übertrieben. Finde ich.

Findest du?

Ja.

Ich finde das gar nicht. Und bevor du fragst, ich werde dir auch erklären, warum ich das finde und wo die Lösung liegen könnte. Und anschließend machen wir dann noch das ganz große Fass auf! Was hältst du davon?!

Ich weiß nicht. Welches Fass? Geht es nicht eine Nummer kleiner?

Nein, leider nicht. Das ist nämlich die Gelegenheit, mal etwas Stimmung in die Bude zu bringen, du trübe Tasse. Und ganz zum Schluss, wenn alles klar zu sein scheint, habe ich noch eine echte Überraschung für dich!

Ich bin mir nicht sicher, ob ich von dir überrascht werden will...

Ich auch nicht. Aber vielleicht wäre es jetzt mal an der Zeit, etwas konkreter zu werden.

Mit was genau?

Mit dem Thema?!

Was war das noch?

Das Träumen?

Richtig. Ich dachte, du wolltest auf etwas anderes hinaus.

Nein. Ich gehe es gerne direkt an. Allerdings ist es, wie bei vielen anderen Dingen auch, etwas komplexer, als du vielleicht denkst.

In welcher Richtung?

In fast allen Richtungen.

Das bedeutet?

Das bedeutet, dass ich glaube, es würde keinen Sinn ergeben, ohne etwas Hintergrundwissen sich dem Thema »Träumen« zu nähern. Zumindest nicht, wie ich dieses Thema verstehe, wenn ich auf deine Reaktion schaue...

Ehrlich gesagt, verstehe ich nicht viel von diesem Thema.

Das mag schon sein. Nicht anhand von Daten, Zahlen, Fakten, Erklärungsversuchen, Forschung und so weiter. Allerdings scheint ja irgendeine Instanz in dir mit diesem Thema sehr wohl etwas anfangen zu können. Nicht umsonst sind bei dir die Tränchen gekullert.

Ich habe nicht geweint.

Feuchte Augen gelten bei mir als Weinen. Im Übrigen tut Weinen ja gut. Zumindest im Normalfall. Ein natürliches Weinen zur passenden Gelegenheit ersetzt häufig genug den Onkel Doktor. Zumindest auf Sicht.

Der Zusammenhang erschließt sich mir nicht ganz. Aber möchtest du nicht gerne beim Thema bleiben?

Möchtest du lieber die Führung übernehmen?

Das habe ich nicht gesagt.

Nicht direkt. Vielleicht nicht bewusst. Hast du bereits jetzt das Gefühl, ich werde zu ausschweifend?

Ich kenne dich halt.

Du kennst mich überhaupt nicht. Nicht mal ein Prozent, von dem, was ich bin. Ich hingegen kenne dich sehr wohl. Sicher besser und umfassender als du dich selbst.

Das dürfte wohl auch kein Problem sein.

Das stimmt. Schön, dass du so selbstreflektiert bist. Ich hoffe, es bleibt dabei.

Kommt auf das Thema an.

Sehr sicher. Aber ich möchte doch noch einmal ein Wort zu dem Thema »Berührt sein« verlieren. Es kann dir und sicherlich auch anderen Menschen gar nichts Besseres passieren, von etwas oder jemanden berührt zu werden. Warum das so ist, dazu komme ich noch. Die körperlichen, die physischen Auswirkungen sind jedenfalls enorm. Und zwar deshalb, weil Blocka-

den abgebaut, gewisse Energieflüsse im Körper eines Menschen verstärkt werden, oder überhaupt wieder in Fluss kommen. Und das geschieht in diesem Fall über die Emotionalität. Ein anderes Wort für »Emotionalität«?

Gefühle?

Sehr gut. Und deshalb kann man auch getrost im Umkehrschluss behaupten, dass keine, schwachen oder sogar negativen Gefühle diesen Fluss behindern oder gar lahmlegen. Was zur Folge hat?

Dass der Mensch stagniert?

Ja, warum nicht. Kann ich mit leben. Ich würde sagen: Der Mensch stirbt.

Wie bitte? Ist das nicht ein wenig übertrieben?

Nein.

Einfach nur »nein«?

Was denkst du, ist der Grund, warum ein Mensch stirbt?

Das ist eine gute Frage. Da kann ich ja alles antworten...

Nur zu.

Ein Mensch stirbt vermutlich dann, wenn sein Leben zu Ende ist. Also wenn er vielleicht seinen Lebenssinn erfüllt hat. Oder er eben krank ist, oder er hat einen Unfall. So ungefähr.

Na schön.

Was würdest du sagen?

Ich würde sagen, dass es kein Zufall ist, wenn ein Mensch stirbt.

Ach nein?

Nein.

Aber das ist im Grunde keine Antwort auf deine eigene Frage.

Ich bin ja auch noch nicht fertig.

Dann lausche ich mal gespannt.

Manche Menschen denken ja, dass sie geboren werden, ist irgendwie ein Zufall. Eine Laune der Natur. Mal hatte die Natur gute Laune, dann bist du ein Königssohn oder eine Prinzessin, mal schlechte Laune, und du kommst in einem Kellerloch auf die Welt und bleibst dort bis zum letzten Atemzug. Und darauf hast du eben keinen Einfluss. Du musst es eben nehmen, wie es kommt, und hast nur einen sehr begrenzten Handlungsspielraum. Solche Menschen, die so denken, gibt es - und die dazugehörige Perspektive ebenfalls.

Welche wäre das?

Dass es entweder keinen Gott gibt, oder, wenn es ihn doch geben sollte, er extrem ungerecht mit den Menschen verfährt. Den einen bevorzugt er, stattet ihn mit einer robusten Gesundheit aus, der andere hat ständig Krankheiten, ist zudem noch hässlich und kann an allem, was es vielleicht an Gutem gibt in der Welt, gar nicht teilnehmen. Er bekommt keine Verbindung dorthin. Und da ist es dann auch egal, ob das Konstrukt »Gott« heißt, oder »Natur« oder sonst wie. Für ihn macht es keinen Unterschied.

Es mag solche Menschen geben.

Es gibt mehr von ihnen, als du denkst. Wenn du so willst, bist du einer von ihnen.

Also ich bin weder in einem Kellerloch geboren, noch verweile ich derzeit in einem solchen, und...

...hässlich bist du auch nicht?

Nicht direkt.

Schön, dann geht es dir ja in Relation tatsächlich besser als diesem Menschen aus dem Beispiel. Allerdings be-

*herbergst du in dir das gleiche Denk- und Handlungs-
muster, wie er auch.*

Was meinst du?

*Dir mag es in der Qualität deiner Lebensumstände bes-
ser gehen. Allerdings bist auch du jemand, der einfach
nur mit den Gegebenheiten des Lebens umgeht.*

Natürlich. Das muss doch wohl jeder. Ich kenne niemanden, der es nicht müsste.

*Stimmt so weit. Zumindest die Tatsache, dass du nie-
manden kennst. Was ich aber meine, ist die Tatsache,
dass die allermeisten, ob Prinzessin oder Kellerbewoh-
ner, folgenden Umstand akzeptieren: Dass es auf der
einen Seite die »Lebensumstände« gibt und auf der
anderen Seite sie selber. Und es zwischen beiden keine
richtige Verbindung gibt. Die Umstände sind wie sie
sind und ich bin, wie ich bin. Richtig?*

Na, nicht ganz vielleicht. Immerhin gibt es Menschen,
die sich aus dem Kellerloch, trotz schwerer Begleitumstände, herausgearbeitet haben und - wenn man mal so
will - ihr Schicksal gedreht haben.

*Das stimmt. Die gibt es. Und auf die werde ich noch zu
sprechen kommen. Aber zunächst einmal: Würdest du
behaupten, du hast deine Lebensumstände, eben das,
was dich umgibt, im Griff?*

Sicher nur zum Teil.

Und wie versuchst du, diese Umstände, wenn auch nur zum Teil, in den Griff zu bekommen?

Ich denke über meine Situation nach, überlege, ob sie verbesserungswürdig ist und wenn ja, dann überlege ich mir, wie und was ich verändern möchte, damit es besser wird. Mal so ganz grob.

Na schön. Wenn du zum Beispiel auf der Arbeit unzufrieden bist, könntest du was tun?

Ich könnte kündigen.

Was noch? Ein paar Sachen mehr bitte...

Ich könnte ein Gespräch mit dem Chef führen, ich könnte mit meinen Kollegen sprechen, je nachdem, wo das Problem liegt.

Du meinst, dein Problem.

Sicher. Mein Problem. Könnte ja mein Problem ausschließlich sein.

Richtig. Und ergo - für das du ausschließlich selbst verantwortlich bist. Ist es ein Problem deiner Kollegen oder deines Chefs, wenn du der Meinung bist, zu wenig Geld zu verdienen?

Nein.

Ist es ein Problem deiner Firma, wenn dir der Tätig-
keitsbereich nicht gefällt?

Eher nicht.

Oder ist es ein Problem, deines Chefs, der dich angeb-
lich nicht versteht, der dich nicht lobt und weiterer Pi-
pifax?

Es könnte sein Problem werden, wenn ich unzufrieden
bin und deshalb keine Leistung mehr bringe.

Fändest du das fair?

Wie meinst du das?

Wenn du weniger Leistung bei gleichem Gehalt bringst?
Ist das fair deinem Chef gegenüber?

Nein, sicher nicht. Aber es könnte eine Konsequenz sein.
Auch wenn ich das eigentlich nicht möchte.

Na schön. Also können wir zunächst sagen, dass dein
Chef nicht die Verantwortung für dich trägt? Selbst
wenn er dich nicht lobt, ja sogar tadelt, ja sogar droht,
dich zu entlassen? Glaubst du, ein Chef würde jeman-
den, der seine geschäftliche Idee auf das Beste unter-
stützt, gehen lassen oder schlecht behandeln?

Sicher nicht. Was wäre aber, wenn es ein Chef wäre, der meine Qualitäten nicht erkennt, obwohl sie objektiv da sind? Allen Mitarbeitern klar ist, dass es bergab gehen würde, wenn er mich kündigt?

Möchtest du unter einem Chef arbeiten, der nicht erkennt, was das Beste für seine Firma ist? Was denkst du, wie lange sie noch existiert, sollte dies ein unwiderruflicher Fakt sein?

Sicher nicht allzu lange.

Richtig. Und in einem solchen Fall mache mal lieber, dass du rechtzeitig das Weite suchst. Aber ehrlich gesagt, dürfte das eher die Ausnahme sein. Ich wollte auf etwas ganz anderes hinaus.

Was da wäre?

Du bist in der Firma, wie vermutlich deine Kollegen auch, auf der einen Seite, der Chef auf der anderen. Und du denkst, dass du bei dieser anderen Seite intervenieren musst, um die Situation für dich zu verbessern. Richtig.

Wie denn sonst?

Das ist eben die Frage. Und die Lösung hängt unmittelbar mit dem Begriff des »Träumens« zusammen. Oder besser ausgedrückt: Das Träumen verändert deine Einstellung zu dem, was du als »die Umstände« bezeichnen würdest.

Aha. Und wie?

Dazu komme ich noch.

Und warum sollte ich eine andere Einstellung zu meinem »Außen« bekommen, wenn ich doch prima mit dem zurechtkomme, was da um mich herum passiert? Ich meine, das gibt es doch auch: Dass jemand einfach zufrieden ist, mit dem, was er geschaffen hat. Und er auch fähig ist, wodurch auch immer, so auf sein Außen einzuwirken, dass er es jederzeit verändern kann.

Aha. Das finde ich interessant. Du hast gerade, vermutlich ohne es zu wissen, eine andere Aussage ins Spiel gebracht.

Ist mir nicht bewusst.

War mir klar.

Würdest du es auch erklären?

Du hast von »seinem« Außen gesprochen. Das hatte ich so nicht erwähnt. Ich hatte es eher neutral als »das« Außen oder »die« Umstände bezeichnet. Diese Aussage macht aber einen gewaltigen Unterschied aus.

Hinsichtlich?

Hinsichtlich deiner Einstellung zu diesem »Außen«. Wenn ich es zu »meinem« Außen mache, dann bin ich auch für dieses Außen verantwortlich, gleichsam dessen Schöpfer, wenn du so willst. Wenn ich neutral von »dem« Außen spreche, dann ist es etwas, was scheinbar ohne mein Zutun irgendwie stattfindet, ich zwar darauf reagieren kann, es aber eben nicht im Griff habe, was da kommt und wie es sich zu mir verhält. Kannst du mir folgen?

Ich bin ja nicht blöd.

Stimmt. Das kann ich immerhin bestätigen. Manchmal vielleicht etwas begriffsstutzig, aber da habe ich ja noch Hoffnung.

Ich auch.

Aber das ist ein ganz entscheidender Punkt. Und das ist auch der Grund, warum ich Menschen in zwei »Kategorien« einteile.

Männchen und Weibchen?

Du bist doch blöd.

Was denn?!

»Macher« und »Opfer«.

Oh. So krass?

Das ist nicht krass. Es soll noch nicht einmal wertend sein. Aber wenn ich als Mensch glaube, dass das, was um mich herum passiert ohne mein Zutun, irgendwie vielleicht nach einem Zufallsprinzip geschieht, dann bin ich »Opfer«. Hingegen der Mensch, der empfindet, dass alles, was ihn umgibt, sein eigenes Werk ist, ein »Macher« ist. Übrigens unabhängig davon, ob er diese Umstände tatsächlich im Griff hat.

Also ein Mensch, der behauptet, dass sein Außen sein eigenes Werk ist, kann demnach in der Gosse leben und ist trotzdem ein Macher? Ist das nicht zu billig? Und jemand, der vielleicht denkt, dass da draußen der Zufall herrscht, er aber jederzeit darauf reagieren kann und es so hinbekommt, dass er zufrieden und glücklich ist, ist der wirklich ein Opfer?

Ja.

Ich weiß nicht. Das zweifele ich an.

Mach nur. Der ein oder andere Zweifel hat noch niemandem geschadet. Eher im Gegenteil. Ich finde »zweifeln« sogar richtig gut. Zumindest wenn ich das konstruktiv nutzen kann.

Das mag schon sein. Aber wollen wir nicht lieber beim Thema bleiben?

Ich war schon fertig.

Hat sich nicht so angehört.

Es mag sein, dass das zunächst einmal eine etwas ungewohnte Sicht der Dinge ist. Aber wenn diese Sicht, so seltsam sie vielleicht auf den ersten Blick auch sein mag, schließlich zur Erkenntnis reifen sollte, so hat sie dann einen entscheidenden Vorteil.

Auf den bin ich gespannt. Ich möchte nämlich nicht als Opfer enden...

Das möchte im Grunde niemand. Klingt ja auch nicht wirklich sexy. Wenn ich beispielsweise auf der nächsten Party gefragt werde, wer ich bin und was ich mache, antworte: »Ich bin »Opfer«. Und ich mache halt Sachen, die Opfer so machen: Ich versuche, pausenlos mein Leben in den Griff zu bekommen. Und heute habe ich mir gedacht, gehe ich auf diese Party hier, um Gleichgesinnte zu treffen...«

Schön, dass wenigstens du deinen Spaß hast.

Das Leben wird, mit Verlaub, viel zu ernst betrachtet.

Woran liegt das?

Sicherlich an vielen Dingen. Aber ein entscheidendes Kriterium ist meiner Meinung nach, dass die meisten Menschen sich nicht klar machen, dass sie sterben werden.

Eine eigenwillige Begründung. Aber vielleicht denken ja einige nicht, dass das geschehen wird.

Das mag schon sein. Mir ist allerdings kein Fall bekannt, wo es nicht passiert ist.

Vielleicht bei dir?

Du wirst mich sicherlich nicht aufs Glatteis führen.

Aber warum sollte das Thema Tod jemanden erheitern?

Weil alle den gleichen Weg gehen. Der Chef genauso wie seine Angestellten. Der Pfarrer und der Atheist. Und das diese kurze Zeit auf dieser Erde möglicherweise zu schade ist, um mit schlechter Laune rumzulaufen, weil ich vielleicht nicht ausreichend gelobt werde. Auch eine schlechte Pizza zählt nicht. Noch nicht einmal, wenn der Kellner nicht richtig hinhört: »Ich nehme die Funghi, aber bitte ohne Pilze...«

Gutes Personal ist schwer zu bekommen.

Fürwahr.

Aber ich denke, es ist nicht ungewöhnlich, dass sich beispielsweise ein junger Mensch nicht mit dem Tod beschäftigt. Also, ich habe nie, oder nur sehr selten, an den Tod gedacht.

Ich weiß. Eigentlich nur, wenn Schalke verloren hat.

Das wäre demnach mindestens zweimal im Monat gewesen.

Vielleicht hast du das Thema auch nur verdrängt. Im Übrigen hilft bei gewissen Vereinen vermutlich auch nur eine größere Portion Humor. Aber das ist eine andere Sache. Inzwischen bist ja auch du, selbst du, etwas lockerer geworden.

Ja, irgendwann ist dir halt alles egal...

Es macht ja auch keinen Sinn, die Dinge zu verkniffen anzugehen. Das ist so, als ob ich in der Disco eine Frau ansprechen will und ich dann meine Ansprache von einem Zettel ablese, damit ich keinen Fehler mache. Das kommt selten gut.

Ist aber lustig.

Für alle Unbeteiligten, sicher. Und vielleicht sogar für dich selber, wenn du dich nicht zu ernst nimmst. Wenn du nämlich weißt, wer du bist, dann brauchst du keinen Zettel.

Ist das eine metamorphorische Aussage?

Bist du sicher, das ist das passende Fremdwort für diese Frage?

Ich bin mir nicht sicher. Es klang aber irgendwie passend.

Also unabhängig deiner Bemühung, besonders intelligent zu wirken, meine ich damit, dass das, was du über dich als Wesen empfindest, natürlich zum Ausdruck bringen kannst.

Aha. Und wie meinst du das jetzt genau?

Wenn ich ein sicheres Gefühl habe, wer ich in diesem Leben bin, dann kann ich das jederzeit, in jeder nur erdenklichen Situation, äußern.

Und was würde ich in dieser Discosituation äußern?

Das kommt natürlich darauf an, als was du dich empfindest.

Gib mal ein Beispiel.

Also ich könnte zum Beispiel als Mann zu der Frau gehen und Folgendes sagen: »Hallo. Ich heiße Stephan. Auch wenn es vielleicht unglaubwürdig klingt, aber ich habe noch nie eine so schöne Frau gesehen, wie dich. Ich wollte dir das eigentlich gar nicht sagen, aber ich dachte, du solltest es wissen.«

Und dann?

Was du willst. Vielleicht reicht das schon und du hast dich erleichtert. Dann könntest du auf dem Absatz drehen und wieder Tanzen gehen, oder was man eben so in der Disco macht.

Was trinken.

Ja. Und das war es ja eigentlich schon. Oder aber du fragst dieses wundervolle Geschöpf noch nach ihrem Namen. Damit du weißt, wie sie heißt, wenn sie dich am nächsten Tag verzweifelt in der Stadt sucht.

Wohl eher anders herum.

Man weiß ja nie. Die Frauen von heute sind nicht mehr die, von vor 20 oder 30 Jahren. Würde ich jedenfalls mal behaupten. In deinem Fall wäre das aber ohnehin egal, weil du sie ja A: Nie ansprechen würdest, und B: Die ganze Nacht rumgeheult hättest, weil du nicht hingegangen bist. Richtig?

Falsch.

Na schön. Dann hätten wir das auch geklärt.

Was meinst du denn mit »meinem Wesen«? Ist es etwas, was ich über mich selbst empfinden kann? Also jeder empfindet vermutlich höchst unterschiedliche Dinge über sich selbst. Gibt es denn so etwas, wie das »richtige Selbst«? Oder Menschen, die viel Selbstbewusstsein haben, empfinden die sich als »richtig«?

Das sind jetzt aber eine Menge Fragen.

Ich weiß.

Also vielleicht noch einmal zu dem Discobeispiel: Wenn du zu ihr hingehst, deinen »Dubistdieschönstefrauder-welt-Text« aufsagst und sie anschließend höflich aber bestimmt zu dir sagt, du möchtest dich bitte verpissen, dann bekommst du als jemand, der weiß, wer er ist, noch nicht einmal Hitze. Für dich ist sie nach wie vor die schönste Frau der Welt, aber du hättest auch kein Problem, mit der zweitschönsten Frau der Welt tanzen zu gehen.

Wenn ich sie denn an diesem Abend noch treffen würde...

Selbst wenn nicht, wäre das kein Problem für dich. Du hättest nach wie vor deinen Spaß, würdest noch ein paar Runden auf der Tanzfläche drehen, anschließend halbwegs nüchtern nach Hause fahren und dich nachts noch mal hinsetzen, um das Erlebte niederzuschreiben. Vielleicht für dein nächstes Buch. Und du würdest dich freuen, wenn andere sich freuen, die über dein kleines Abenteuer schmunzeln könnten. So ungefähr. Und dann machst du das Licht aus und träumst von der nächsten schönsten Frau der Welt...

Es geht ja nicht immer um »Schönheit«.

Doch. Das tut es. Aber es ist »deine« Schönheit. Die du in diesem Augenblick empfindest. Die dich vielleicht sogar berührt. Und andere mögen »deine« schöne Frau gar nicht so schön finden, sie würden sich noch nicht einmal nach ihr umdrehen, ihnen wäre sie nicht aufgefallen. Dir aber schon. Weil du vielleicht Dinge siehst, die andere tatsächlich nicht sehen, vielleicht gar nicht sehen können. Du aber schon. Und dann gibt es im Grunde auch nur zwei Möglichkeiten, wie diese Frau reagieren könnte.

Jetzt bin ich aber mal gespannt.

Entweder sie lächelt dich an und freut sich aufrichtig über deine Bemerkung, oder sie reagiert deutlich abweisend, vielleicht sogar verärgert. Und dann weißt auch du sofort, wo sie mit sich selber steht.

Oder eben mit mir.

Nein. Du hast damit nichts zu tun. Du bist nur der Überbringer der »Botschaft«. Wenn sie sich aufrichtig freut, dann sicherlich nicht darüber, dass sich zuhause die zwei Stunden Schminkzeit offenbar gelohnt haben, sondern darüber, dass jemand sie wirklich »gesehen« hat. Aber eben nur dann, wenn du es wirklich ernst gemeint hast mit deiner Aussage.

Und was ist, wenn sie verärgert reagiert?

Dann kennt sie sich selber nicht.

So einfach?

Ja. Wenn sie sich kennen würde, dann kennt sie auch dich. Und dann weiß sie, ob es um eine plumpe Anmache geht, oder um eine authentische Aussage. Die Umgebung ist dann auch egal. Auch wenn es an solchen Orten natürlich eher mal mehr um Schein, als um Sein geht.

Über was wäre sie verärgert?

Vielleicht über dich, weil du gar nicht so ausschaust, wie jemand, von dem sie gerne angesprochen werden möchte. Vielleicht hat sie ja eine Art »Idealtypen« im Kopf. Für sie bist du vielleicht zu klein und zu dick.

Was ja auch hinkommt.

Sicher. Was aber wahrscheinlich am treffendsten ist, könnte die Tatsache sein, dass du bei ihr etwas entdeckt hast, was sie selber nicht sehen will oder kann. Oder was sie ablehnt.

Was könnte das sein?

Irgendein Wesenszug von ihr.

Kann man den anhand eines äußeren Bildes sehen?

Sehen vielleicht nicht direkt. Aber möglicherweise bemerken.

Wie? Und was wäre das beispielsweise?

Also vielleicht wäre es ratsam, vorher etwas klarzustellen.

Was wäre das?

Ich würde jetzt doch gerne einmal einige Begrifflichkeiten klären, wie in diesem Fall die Sache mit dem »Wesen«, oder dem »Wesenszug«.

Eine Lehrstunde?

Gewiss.

Soll ich mitschreiben?

Wenn du es dir nicht merken kannst, wäre das wirklich clever.

Was genau meinst du mit dem »Wesen« eines Menschen? Ich meine, ist es etwas, was jeder hat? Ist es der Charakter?

Nein, der Charakter ist etwas anderes. Der leitet sich aus anderen Strukturen von dir ab. Kann aber auch mit deinem Wesen in Verbindung stehen.

Ich verstehe nur Bahnhof.

Na schön. Dann von vorn. Also in diesem Fall ganz von vorn.

Urknall?

Warum nicht.

Bitte nicht.

Warum? Nicht interessiert, wie alles begann? Wo Schalke eigentlich seinen Ursprung hat?

Ich dachte immer, das wäre eine Kohlegrube gewesen? Aber wäre das nicht wohl etwas zu viel des Guten. Im Übrigen kann ich mir auch ein Buch über Astronomie anschaffen, wenn mich das interessiert.

Das kannst du. Oder du fragst gleich jemanden, der sich auskennt. Dann sparst du Zeit...

...und Energie. Schon klar. Und natürlich meinst du nicht irgendwen, sondern dich. Nicht wahr? Der selbsternannte Experte.

Wenigstens kann ich nicht behaupten, ich verkaufe mich unter Wert.

Nein, sicher nicht.

Im Grunde ist es gar nicht so abwegig, mit dem »Ur-knall« zu beginnen, allein deshalb, weil das Prinzip, über das wir sprechen, in einem direkten Zusammen-hang mit diesem Ereignis steht.

Du meinst das Prinzip mit der Discoanmache?

Wir waren uns doch gerade einig, dass das keine An-mache war, sondern eine authentische Aussage.

Gut, bleiben wir dabei.

Wenn ich also mal das »Träumen« als unser Thema für dieses Buch hernehme, dann hat ja jeder, der diesen Be-griff hört, seine eigenen Assoziationen damit. Und die könnten höchst unterschiedlich ausfallen. Von »Über-flüssig«, »Träume sind Schäume«, »so ein Träumer«, »Träum weiter« und viele andere auch sind ja häufig in eurer, nennen wir sie mal Leistungsgesellschaft, eher verpönt. Irgendwie beißt sich das scheinbar. Und so denken eben viele, dass man sich das »Träumen« auch leisten können muss. Für Künstler und andere kreative Menschen mag es vielleicht gerade noch akzeptabel sein, nicht aber für jemanden, der für sein Geld noch richtig malochen muss. Richtig?

So ungefähr.

Hättest du damals in der Maurerkolonne gesagt, du gehst heute Abend früh schlafen, damit du noch eine

*Runde träumen kannst, anstatt dich ordentlich zu be-
saufen, hättest du den nächsten Tag vermutlich Steine
geschleppt. Um zur Vernunft zu kommen.*

Ich habe eine solche Aussage nie getroffen und trotzdem
Steine geschleppt.

*Da kann man mal sehen, wie sehr du dein »Außen« im
Griff hattest.*

Ja, ich war schon damals ein Macher.

*Scheinbar. Aber du hast ja nun die Möglichkeit, dich
weiterzubilden.*

Eine zweite Chance?

*Bei dir eher eine dritte. Aber vielleicht gehörst du ja zur
Kategorie »Spätberufene«.*

Du meinst, weil ich es so lange nicht kapiert habe?

*Das könnte man meinen. Allerdings ist es bei dir ja so,
dass du es im Grunde zügig kapiert hast, schon vor einer
ganzen Zeit, aber trotzdem nicht gehandelt hast. Also
du hast schon gemacht, aber eben nicht das, was du im
Sinne des Themas hättest machen können.*

Bin ich ignorant?

Du bist sicherlich hier und da mal ignorant, bei dieser Sache allerdings nicht.

Was heißen soll?

Ich will damit sagen, dass du einen inneren Lebensplan hast, in dem der jetzige Teil damals thematisch noch nicht dran war.

Welcher Teil? Der des Träumens?

Nicht nur der des Träumens, sondern mehr oder weniger alles, was nicht physischer Natur ist.

Das verstehe ich nicht so ganz.

Jeder Mensch hat einen inneren Plan, der ihm sagt, was, wann, wie dran ist in seinem Leben. Und den hast du eben auch. Und der besagt in deinem Falle, dass in der ersten Hälfte deines Lebens all das, was physischer Natur ist, was mit dem Erleben und Erfahren auf diesem Gebiet zu tun hat, für dich wichtig ist und erlebt werden möchte. Dann erst geht es in die zweite Phase, die sich mit den geistigen Fähigkeiten und Erlebnissen beschäftigt. Das eine baut auf das andere auf. So ist das bei dir. Und bei einem anderen Menschen ist es halt anders, oder ähnlich. Wie auch immer. Höchst individuell und einmalig. Und demnach bist du gar nicht »Spätberufen«, du bist derzeit einfach nur im passenden Zeitabschnitt.

Also jeder Mensch hat so einen »Zeitplan«?

Ja.

Und wenn man den gar nicht kennt?

Den kennen die wenigsten Menschen. Aber das ist auch erst einmal nicht so entscheidend. Viel wichtiger ist, dass ich jetzt einfach mal anfange, dir oder euch den Begriff des »Wesens« zu erläutern. Dann wird die Sache hoffentlich etwas klarer.

Ich hoffe es auch. Mir dreht sich schon der Kopf.

Du hattest vorhin zwei Bier getrunken. Kann es daran liegen?

Nein, dieses »drehen« kenne ich. Und das fängt nicht schon bei zwei Bier an.

Bemerkenswert. Ich werde trotzdem mal weitermachen.

Womit?

Das ist eigentlich egal. Irgendwann werden wir alles einmal angesprochen haben.

Kann es sein, dass du etwas unstrukturiert bist?

Nein.

Sondern?

Ich habe meine eigene Art der Struktur.

So? Wäre das etwa wie eine Art Bürostruktur, mit umherflatternden Merkzetteln, dazwischen ein angebissenes Brötchen und eine Tasse Kaffee, die sich schon zur Hälfte über den Schreibtisch ergossen hat?

Was soll das jetzt? Es ist doch wohl eher so, dass in einem Gespräch, wie wir es gerade führen, eins dem anderen folgt. Das musst du einfach so laufen lassen, am Ende kommt schon was dabei heraus. Vertrau mir.

Vertrauen ist gut...

Entspann dich. Alles wird gut.

Das mag schon sein. Allerdings wäre es so mit Struktur ein wenig verständlicher, übersichtlicher, von dem, was du mir - oder uns - mitteilen möchtest.

Das glaube ich nicht.

Na schön. Was soll ich noch sagen?!

Bist du also fertig?

Ja.

Dann möchte ich zum Abschluss noch einmal vorsichtig erwähnen, dass du selbst noch nicht einmal einen Schreibtisch hast, geschweige denn ein Büro. Du sitzt hier jämmerlich auf der Sofakante, die im Grunde nicht einmal ein Sofa ist, sondern ein selbstgebautes Konstrukt, halb Sofa, halb Bett und bearbeitest deinen Laptop mit »Zwei-Finger-Suchsystem«. Schade, dass wir kein Bildmaterial zur Verfügung haben.

Was hat das jetzt mit all dem zu tun?

Ich bin schon gespannt, wenn du das Buch veröffentlichst, vielleicht mehr administrative Sachen zu tun bekommst und dann nur noch übellaunig durch deine Stube läufst, weil du pausenlos auf irgendwelche Papiere trittst, die du auf dem Boden ausgebreitet hast. Das wird ein großer Spaß. Dann kannst du gleich mal testen, wie belastbar du mit Büroaufgaben bist.

Das brauche ich gar nicht zu testen, da drehe ich vermutlich schon am ersten Tag durch.

Was mich dazu bringt, mit eben diesem Thema einzusteigen.

Mit welchem jetzt?

Dem »Wesen«.

Ja? Und?

Wenn solche Dinge, wie etwa die Beschäftigung mit Bürokram, nicht in deinem Wesen verankert sind, dann wird das auch nichts. Dann kannst du noch so ein tolles Buch schreiben, dann kannst du als Handwerksmeister noch so eine tolle Heizung montiert haben, du versaust alles im Büro. Rechnung falsch geschrieben, Fristen nicht eingehalten, Statistiken falsch geführt, Marketing glatt 6, Finanzamt Katastrophe und so weiter.

Also ist mein Wesen dafür »verantwortlich«, wenn es nicht läuft?

Häufig.

Warum nicht »immer«?

Das würde ich gerne erklären.

Bitte.

Ich möchte trotzdem noch einmal etwas Grundlegendes erklären. Sonst wird es in der Tat zu chaotisch.

Na bitte. Meine Rede.

Der Mensch besteht, wie alle wissen, aus einem Körper. Das ist für die allermeisten unstrittig und einem anderen Teil, den man vielleicht als »Geist« bezeichnen könnte. Oder aus einem physischen Teil und einem geistigen Teil. Ihr wisst, was ich meine. Jetzt ist der physische

Teil, der Körper, auch wenn er in seiner Tiefe unendlich komplex erscheinen mag, selten Anlass zur Diskussion, ob es ihn nun gibt, oder nicht. Bei dem geistigen Teil scheint es schon unübersichtlicher zu sein. Die Tatsache, dass es irgendetwas Geistiges gibt, was unseren Körper »bewohnt«, ist nun schwer zu leugnen. Da du ja zumindest denkst, in einem gewissen Umfang auch fühlst, kurz, eine Art Wahrnehmung von den Dingen um dich herum hast. Auch die Psychologie beschäftigt sich mit diesem Thema und versucht auszuloten, welche geistigen Fähigkeiten, Eigenarten und Gesetzmäßigkeiten es denn nun gibt, die der Mensch zur Verfügung hat. Und da scheint man tatsächlich erst am Anfang zu stehen, denn die modernere Psychologie ist auch gerade mal gute 100 Jahre alt. Nur ein Menschenleben lang, wenn du so willst.

Wobei schon einiges an »Material« zusammengekommen ist.

Ja sicher. Nun ist es aber so, dass die wirklich spannenden Aspekte dieser und ähnlicher Disziplinen erst in den vergangenen Jahren an Fahrt gewonnen haben. Und meiner Einschätzung nach kommt das Spannendste erst noch. Aber das nur mal so am Rande. Viel wichtiger ist, dass zumindest »offiziell« der Begriff eines »Wesens« in der klassischen Psychologie (noch) keinen Platz hat.

Warum ist das so? Wenn es das doch angeblich geben soll?

Ich denke, weil es nicht nachweisbar ist. Zumindest nicht mit messbaren Methoden.

Viele andere Dinge aber doch auch nicht, oder?

Schon, aber da scheint man sich bei dem ein oder anderen darauf geeinigt zu haben, dass gewissen Dinge ausreichend erforscht sind und man das in die offizielle Lehre übernimmt. Viele Psychologiestudenten werden allerdings, vielleicht sogar mit der Hilfe von hilfreichen Substanzen, schon ihre ganz eigene Welt des Geistes für sich entdeckt haben. Die so noch in keinen Lehrbüchern zu finden sind.

Was willst du damit andeuten?

Ich will damit andeuten, dass gerade dieser Personenkreis sich gerne aufopfert, um die Lehre mit neuen, eigenen Methoden und Entdeckungen voranzutreiben. Auf gut Glück sozusagen.

Sehr löblich.

Finde ich auch. Allerdings, bevor sich beim Leser Entrüstung breitmachen sollte, rate ich grundsätzlich von der Einnahme gewisser »Hilfsmittel« ab. Warum, das werde ich irgendwann noch erläutern. Ich erwähne es aber gerne schon einmal vorsichtshalber.

Sehr verantwortungsvoll.

So bin ich.

Ich hoffe auch bei mir.

Bei dir besonders. Damit das zarte Pflänzchen keinen Schaden nimmt.

Ich denke, ich bin einigermaßen robust.

In der Natur vielleicht, nicht aber im Büro.

Dann sollte ich es in Zukunft meiden. Zumal es ja eh nicht existiert.

Noch nicht. Aber vielleicht suchst du dir ja mal jemanden, für den so etwas eine Leichtigkeit ist. Und du kannst währenddessen Zeit in der Natur verbringen. Neue Ideen sammeln...

Mach mal weiter.

Gut, der Mensch, sein Körper und sein unerforschter Geist. Jetzt könnte ich ja provokant die ganz große Frage stellen: Was soll das alles? Warum überhaupt Mensch, warum gerade so und nicht anders? Hat das alles einen tieferen Sinn? Ist es vielleicht nicht doch eher die Laune einer Art intelligenter Natur, die zufällig etwas ausgespuckt hat? Frei nach dem Motto: »Huch, ein Mensch! Was machen ich jetzt mit dem? Jetzt liegt er da rum, klein und verschrumpelt. Das könnte ich ja so nicht lassen. *Gebe ich ihm wenigstens zwei andere Menschen, die sich um ihn kümmern. Aus dem einen kommt er heraus und der andere ist irgendwie auch beteiligt an seiner Existenz. Und weiter? Am besten, er wächst erst einmal. Essen rein, Essen raus, so lange, bis er eine akzeptable Größe erreicht hat. In der Zwischenzeit kann ich mir ja überlegen, wie das Ganze überhaupt strukturiert werden kann, da liegen ja schließlich noch andere verschrumpelte kleine Wesen rum. Was für ein Chaos! So habe ich mir Natur sein nicht vorgestellt. Das ist ja ein 24 h Job und ich habe noch nicht einmal die Zeit erfunden. Ich sollte das besser planen. Von vornherein das Ganze mit einer grundsätzlichen Idee angehen. Also erst Frau, dann Mann, dann eine romantische Nacht, dann alles Weitere. So könnte es klappen...«*

So könnte es klappen, dass sie dich einweisen.

Nimm das doch nicht so bierernst. Ist doch einfach mal ins Blaue gedacht. Weißt du denn, wie die Welt zusammengesetzt wurde, die wir heute zu kennen glauben?

Nein. Das maße ich mir auch gar nicht an.

Ja, aber nur, weil du es nicht weißt. Jetzt stell dir mal vor, du hättest den Durchblick. Du rufst alle Gelehrten zusammen und legst ihnen deine Theorie nahe. Die begreifen sofort die Logik und Tragweite des Ganzen, lassen dich hochleben und überschütten dich mit Ehrungen. Du hättest Geld ohne Ende, die schönsten und

*klügsten Frauen würden dich umgarnen, außerdem ein
großes Boot, ein grosses Haus und einen seltenen Hund.*

Und viele Kinder, nicht zu vergessen.

Die hast du ja schon.

Stimmt. Ich hätte sogar einen Hund.

Der ist aber nicht selten.

Doch. Ist´ne Mischung. Den gibt es nur einmal.

Stimmt. Du bist cleverer, als ich dachte.

Ich weiß.

Wo waren wir stehengeblieben?

Bei der »intelligenten Natur«.

Was also könnte sich dieses »Es«, was es auch immer
sei, dabei gedacht haben, so etwas auf die Beine zu-
stellen.

Du meinst die Menschen?

Alles. Menschen, Erde, Tiere, Weltall und natürlich
Schalke 04.

Das frage ich mich auch gerade...

Bei Schalke mag es ja noch klar sein, aber der Rest? Ist es wirklich Zufall? Steckt ein Plan, eine Absicht dahinter. Und wenn ja warum so und nicht anders?

Fragen über Fragen.

Und keine Antworten. Jedenfalls nicht von dir.

Nein, tut mir leid.

Siehst du. Deshalb gibt es auch kein Haus am See, mit einer schönen Frau davor.

Abwarten.

Um ausnahmsweise wieder seriös zu werden: Ich würde mich tatsächlich bereit erklären, so ein ganz wenig Licht ins Dunkle des Kosmos zu bringen.

Sehr freundlich. Waren wir nicht beim »Wesen« gestartet und du bist bei der Schöpfungsgeschichte gelandet?

Das ist schon so. Weil alles aufeinander aufbaut. Ich kenne dich doch. Kaum habe ich etwas erklärt, kommst du und fragst, warum denn dies und warum denn jenes. Da bin ich ständig dabei, einen Schritt zurückzugehen. Und wo landen wir dann am Ende?

Bei der Schöpfung?

Na also. Gut kombiniert.

Was spräche dagegen?

Vielleicht nichts. Ist möglicherweise einfach nur eine Stilfrage. Ich bevorzuge den Aufbau aus der Vergangenheit in Richtung Zukunft, du bist halt rückwärtsgewandt.

Das ist doch Quatsch.

Lass mal gut sein, du musst dich nicht erklären. Ich weiß ja, wie du tickst. Nicht umsonst greife ich dir ständig unter die Arme.

Es ist hoffnungslos mit dir.

Das freut mich. Dann lass jetzt mal locker und lausche meinen Worten.

Mach einfach.

Gerne. Ich habe ja gerade eben das »Dunkle« im Kosmos erwähnt. Im Grunde kannst du es dir recht ähnlich vorstellen.

Dunkel?

Ja, ganz im Anfang war alles dunkel. Oder genauer: Es gab nichts.

Darauf wäre ich mit ein wenig Fantasie noch selber gekommen.

Möglich. Wenn du dir allerdings vorstellen müsstest, dass aus dem »Nichts« etwas entsteht, dann würde das vielleicht schon eher deine Fantasie fordern, oder?

Schon. Eigentlich wüsste ich nicht, wie das gehen sollte. Wenn nichts ist, dann ist halt nichts.

Ja, weil du es gewohnt bist, linear zu denken. Wenn etwas entsteht, vielleicht ein Ei, aus dem dann ein Küken schlüpft, dann muss es vorher eine Henne gelegt haben.

Das würde ich tatsächlich so sehen.

Na schön. Dann nähern wir uns in der Fantasie vielleicht mal dem »Nichts« an. Wenn du dir bei Nacht einen Ozean vorstellst, der ruhig daliegt, kein Wind geht und es herrscht Stille. Und du stellst dir vor, dass dieser Ozean ja potentiell aus beinahe unendlich vielen Wassertröpfchen besteht, die aber als solche gar nicht einzeln erkennbar sind. Was würde es brauchen, um diese erkennen zu können?

Wind?

Sehr gut. Wind würde erst Wellen verursachen, sozusagen die amorphe Masse Wasser in Bewegung versetzen, Wellen würden entstehen und bei entsprechender Windstärke würden sich die ersten Tröpfchen aus einer Welle lösen. Das erste Tröpfchen würde sichtbar werden. Zwar nur kurz, denn es würde ja wieder zurück in die übrige Wassermasse fallen, aber es war für eine Zeitlang isoliert nur für sich. Soweit verstanden?

Natürlich.

Und was sagt dir das? Oder was könntest du vermuten?

Das du diese Wassermasse mit einer Art »Feld« assoziierst, das schon da war, aber eben in Stille. Sozusagen unsichtbar?

Wer hätte die Existenz denn auch bemerken können? Gab es etwa einen Beobachter, der den Ozean oder dieses Feld wahrgenommen haben könnte? Was wäre, wenn dieser stille Ozean einfach nur da war, ohne zu wissen, dass er da ist? Wie im Schlaf. Da ist zwar etwas, aber es weiß nicht, dass es da ist, weil es irgendwie »schläft«. Vorstellbar?

Irgendwie nicht. Weil irgendwoher muss so ein Ozean doch kommen und irgendetwas musste ja schließlich passieren, damit es überhaupt Wind geben konnte. Oder?

Richtig. Schon wieder diese Henne/Ei-Geschichte. Von Nichts kommt nichts. Aber wenn wir die Existenz des Ozeans einfach mal akzeptieren, ohne dessen Ursprung zu kennen, wo war der Funke, der Impuls, der ihn erwachen ließ? In Bewegung versetzte? Wo kam dieser Impuls her? Entsprungen aus einer Art »Schlaf«?

Mystisch.

Ja. Mit dem Kopf, mit dem Verstand wohl nicht zu erfassen. Aber man kann sich der Sache ja vielleicht über das Gefühl nähern...

Kost' ja nichts.

Nur etwas Energie...

Warum möchtest du uns denn überhaupt auf dieses Mysterium aufmerksam machen?

Ich möchte dir helfen, ein erfülltes Leben zu führen.

Oh, gibt es da eine Verbindung? Zwischen Urknall und meinem erfüllten Leben`?

Ja, tatsächlich. Und vielleicht ist mein Ansatz auch für viele einfach nur belanglos, aber vielleicht auch nicht. Ich zumindest weiß für mich, was funktioniert, was ich selber erfahren habe und es spricht nichts dagegen, diese Ideen anderen mitzuteilen.

Sicher nicht. Allerdings holst du schon mächtig aus. Da muss man schon Lust drauf haben.

Natürlich. Aber ich bin eben auch kein klassischer Motivator, der noch ein paar Prozent mehr Leistung aus dem Konstrukt Mensch herauspressen möchte. Bei mir geht es um andere Dinge.

Also ich denke, dass ein Motivator nicht zwingend so arbeiten muss, aber gut.

Hast du Angst, böse Briefe zu erhalten?

Nein, aber das war mir jetzt etwas zu pauschal. Außerdem schreibt man heute keine Briefe mehr. Kommst du etwa aus einer Zeit mit Pergament und Federkiel?

Zeit ist für mich nicht wichtig. Deine Fantasie etwas auf Vordermann zu bringen, hingegen schon. Natürlich ist der Urknall, wenn du so willst, nichts anderes als das Erwachen dieses Ozeans. Oder genauer: Dieses Bewusstseinsfeldes. Und wie und warum dieser erste Funke kam, der sich aus diesem Feld gelöst hat, lassen wir mal dahingestellt. Sicher ist nur: Es hat sich etwas gelöst. Und das hat eine riesige Kettenreaktion in Gang gesetzt, die bis heute anhält.

Ich glaube, in der Wirtschaft nennt man das »Exponentielles Wachstum«.

Du meinst die Wirtschaft, in der Getränke gereicht werden? Da gibt es auch exponentielles Wachstum. Man nennt es: Betrunken werden.

Nein, das meine ich nicht.

Du hast schon recht. Ein Urknall ist keine lahme Angelegenheit.

Ich verstehe nur nicht, warum dieser Urknall so schnell ging. Schließlich war es ein Urknall und keine Urentwicklung. Und er ist schon so lange her. Erst ging es so schnell, und dann irgendwie langsamer vonstatten.

Weil Gott, so nenne ich mal der Einfachheit halber dieses Bewusstseinsfeld, in der Zwischenzeit »die Zeit« geschaffen hatte. Und da du in einer Dimension lebst, in der Zeit hineinkonstruiert wurde, nimmst du die Dinge unter dem Einfluss von Zeit war. Die Betrachtungsart ist einfach eine andere. Wenn du dich, wie auch immer, von der »Zeit« lösen könntest, würdest du die Dinge, die damals geschehen sind, auch anders wahrnehmen.

Wie?

Das kann ich nicht beschreiben. Sorry.

Kannst du die Dinge ohne Zeit wahrnehmen?

Ich nehme fast alle Ereignisse ohne Zeit wahr. Sonst könnte ich das Allermeiste, was mich interessiert, gar nicht wahrnehmen. Du brauchst allerdings keine weiteren Fragen zu stellen hinsichtlich meiner Art, die Dinge zu betrachten. Ich werde, zumindest in diesem Buch, nicht weiter darüber sprechen.

Schade. Ich hätte tatsächlich noch die ein oder andere Frage gehabt.

Das verstehe ich. Aber es würde keinen Sinn machen. Es geht hier einfach nur darum, mal eine kleine Idee im Kopf zu haben, wie »Gott« so ticken könnte. Was ihm, warum, wichtig ist. Sich vielleicht mal seiner Grundidee vom »Leben« zu nähern. Warum macht er mutmaßlich dieses, aber nicht jenes? Und gleichzeitig den Beweis seiner Existenz erst einmal hinten an zu stellen. Denn das ist im Grunde gar nicht von Belang.

Ob wir die Existenz eines Gottes glauben?

Ja. Denn was nützt euch am Ende der Glaube, wenn ihr es nicht wirklich wisst? Du kannst ja daran glauben, dass Schalke nächstes Jahr Deutscher Meister wird, aber was bringt dir das?

Hoffnung?

Genau. Du hoffst auf etwas, was nie eintritt.

Aber du hast doch gerade selber erwähnt, so habe ich es jedenfalls verstanden, dass Gott in deinen Augen tatsächlich existiert.

Schon richtig. Nur mit dem Unterschied, dass ich es weiß, dass »Er«, oder »Sie«, oder »Es« existiert. Ich habe es erfahren. Das ist ein gewaltiger Unterschied zum »Glauben«. Beide Positionen könnten gegensätzlicher nicht sein.

Doch.

Wie?

Wenn ich grundsätzlich gar nicht erst an die Existenz eines Gottes glaube.

Das macht aus meiner Sicht keinen Unterschied. Beide verharren auf der gleichen Position.

Verstehe ich nicht.

Solange du nicht glaubst oder eben doch glaubst, dich aber nicht auf den Weg machst, zu erforschen, ob so etwas wie ein Gott oder das Göttliche existiert, ist es belanglos darüber zu reden. Du gleichst nur ständig zwei Positionen gegeneinander ab, ohne Beweise zu liefern.

Und was machen die Leute in der Kirche? Ich dachte immer, die suchen Gott.

Ach ja?

Dachte ich. Zumindest einige.

Schon möglich. Meiner Beobachtung nach suchen viele Trost, Gemeinschaft und vielleicht innere Einkehr, nicht aber etwas tatsächlich Göttliches.

Eine fast gewagte Aussage.

Gar nicht. Wenn ich in der Kirche tatsächlich einmal eine göttliche Erfahrung gemacht hätte, würde ich nicht zurückkehren wollen.

Wohin?

In die Kirche.

Warum?

Weil ich das, was da stattfindet, nicht ertragen könnte. Zumindest nicht unmittelbar nach solch einer Erfahrung. Hinterher vielleicht schon, aber dann hätte ich mutmaßlich kein Interesse mehr.

Muss ich jetzt nicht verstehen, oder?

Nein. Musst du nicht. Du musst im Übrigen sowieso gar nichts »Müssen«. Dem ein oder der anderen ist es vielleicht schon aufgefallen, vielleicht auch durch einen dummen Zufall, dass wir einen freien Willen mitbekommen haben und der sich sogar nutzen lässt.

Du provozierst mal wieder unterschwellig.

Ich scheine ganz offen zu provozieren. Hätte ich es unterschwellig getan, wäre es dir ja nicht aufgefallen.

Du machst dich nicht beliebt.

Bei dir kann ich es mir erlauben. Tatsächlich ist es aber so, dass du selber schon ein sehr genauer Beobachter der Dinge bist, die dich umgeben. Und dir tatsächlich nur wenig entgeht.

Soll das etwa ein Lob sein?

Nein. Eine sachliche Feststellung. Allerdings muss ich einschränkend sagen, dass Dinge, die sich in deinem eigenen Inneren abspielen, weit weniger deiner Beobachtung unterliegen.

Das mag sein.

Speziell wenn es um »Gefühle« geht.

Auch das mag sein.

Speziell wenn es um Gefühle zum weiblichen Geschlecht geht...

Vielleicht ja und damit wäre es auch genug. Ich lege keinen weiteren Wert auf die Ergebnisse deiner Beobachtungen.

Schon möglich. Allerdings wird dieses Buch ja nicht für dich geschrieben, sondern für interessierte Menschen da draußen. Und die möchten vielleicht wissen, wie die Dinge miteinander verwoben sind, wie ein Mensch so tickt, welche, womöglich ungenutzten, Fähigkeiten er hat und so weiter.

Schon klar. Umso uninteressanter sind deine Bemerkungen über mich.

Falsch. Sie sind nicht nur interessant, sondern auch lehrreich und bisweilen sogar amüsant. Wie die Sache eben gerade.

Ich stehe aber nicht für alles zur Verfügung.

Das ist eine Fehleinschätzung. Ich habe dir schon häufiger gesagt, du solltest dich nicht so wichtig nehmen.

Das war definitiv in einem anderen Zusammenhang.

Papperlapapp. Wir sollten weitermachen. Ich werde sicherlich noch einmal auf den Aspekt des »Glaubens« zurückkommen, möchte aber zunächst noch einmal ein paar Jahre zurückreisen. Wenn du dir also vorstellst, dass es diesen Impuls gab, dann liegt die Wahrscheinlichkeit nahe, dass ein erster Impuls dieses Bewusstsein verließ, anschließend

zurückkehrte und wieder in das Feld aufgenommen wurde.
Nur kurze Frage: Glaubst du, dieses Feld war anschließend
noch das Gleiche, wie vor dem Verlassen dieses Anteils?

Vermutlich nicht. Je nachdem, was es in der Zwischenzeit
»erlebt« hat. Mit welchen »Informationen« es zurück-
kam.

Na schön. Stellen wir uns mal vor, aus einem Dorf geht
jemand fort. In die Fremde, wie man so schön sagt. Und
kehrt nach langer Reise wieder dorthin zurück. Denkst
du, das Dorf und die Dorfgemeinschaft ist anschließend
noch dieselbe, wie vor seiner Abreise?

Wohl nicht. Vermutlich werden sie ihn gefragt haben,
was er auf seiner Reise erlebt hat. Und diese Geschich-
ten, diese Informationen verändern die Gemeinschaft
vielleicht ein Stück weit, weil die Menschen womöglich
bereichert sind...

Das könnte so sein. Aber egal, ob sie bereichert sind,
oder den neuen Impulsen ablehnend gegenüberstehen,
die neuen Informationen sind angekommen. Und dieser
Mensch, der losgezogen ist, wie blickt er auf sein Dorf,
wenn er zurückkehrt?

Vermutlich hat er einen anderen Blick darauf gewonnen.

Er hat wohl zum ersten Mal überhaupt eine Perspektive
von »Außen« gewonnen. Auf das Dorf. Vorher war er

sozusagen nur ein fester Bestandteil des Dorfes, jetzt aber ist er ein eigenständiger Teil geworden, der seinen Weg wieder zurück in die Gemeinschaft der anderen Teile gefunden hat. Bis sich dann vielleicht ein anderer Bewohner der Dorfgemeinschaft aufgerufen fühlt, seine eigenen Erfahrungen zu sammeln. Vielleicht auch mittlerweile im Auftrag der Dorfgemeinschaft und basierend auf die zuvor gemachten Erfahrungen des ersten Reisenden. Um weitere, nutzbare Erfahrungen für alle zu sammeln.

Er bekommt vielleicht eine Idee davon, was sein Dorf bisher war, wie es nach seiner Heimkehr, aber auch sein könnte. Welches Potential dieses Dorf vielleicht hätte?

Wirst du langsam philosophisch?

Habe ich übertrieben?

Du bist etwas ins Schwatzen gekommen, ansonsten aber gar nicht so schlecht. Wir sind uns also einig, dass zwei Dinge passiert sind: Es hat sich nach der Rückkehr etwas verändert und was vielleicht noch spannender ist: Es gab zum ersten Mal in der Geschichte der Schöpfung eine »zweite Perspektive«. Ein wenig verspielt könnte man sagen, Gott hat in den Spiegel geschaut. Er selbst, oder ein Teil von ihm, hat eine rudimentäre Idee davon bekommen, was er ist oder sein könnte. Nicht ein unbewegtes Bewusstsein ohne Idee, ohne Ausrichtung, sonder etwas, was in Bewegung zu bringen ist.

Was wurde bewegt?

Wenn du so willst, ist die erste Bewegung gleichzusetzen mit dem Entstehen von »Energie«.

Energie?

Ja. Ein Physiker würde vielleicht sagen, Energie fließt zwischen zwei Polen. Ohne Bewegung keine Energie. Allenfalls Energie als Potential.

Aber dieses unbewegte Feld muss doch dann schon alle Energie in sich getragen haben, oder?

Warum?

Stelle ich mir so vor.

Ich denke, das Problem ist grundsätzlich, dass du immer aus deinem Erfahrungskontext heraus die Dinge betrachtest. Du kennst halt die Welt, die dich umgibt. Oder besser, die du wahrnehmen kannst. Und seit du auf dieser Welt bist, bist du es gewohnt, dass alles schon da ist. Das eins aus dem anderen folgt. Und sobald etwas erscheint, was bisher in deiner Welt nicht vorkam, hast du keine Antwort. Oder keine Erklärung. Oder du blendest es sogar aus. Nach dem Motto: Was nicht sein kann, das gibt es auch nicht.

Wieso erwähnst du das so ausdrücklich?

*Weil es dir so geht, wie vielen anderen auch. Die tat-
sächlichen Möglichkeiten, die sich dir bieten, siehst du
gar nicht.*

Meinst du zufällig damit das Thema des Buches?

*Das auch. Aber nicht nur das. Es gibt viele andere Dinge
auch, die nie auf eurem Radar erscheinen.*

Weil wir vielleicht keines haben?

*Doch. Ihr habt ein »Radar«. Im übertragenen Sinne
natürlich. Allerdings ist der Bereich dieses »Gerätes«
immer nur auf die gleiche Frequenz eingestellt. Und die
meisten wissen gar nicht, dass sie das ändern könnten.*

Mit welchem Ergebnis?

*Mehr wahrzunehmen, als das, was ihr üblicherweise er-
lebt.*

Was würde uns das bringen?

Das kann ich so genau nicht sagen.

Weil du es nicht weißt?

*Weil es höchst individuell wäre. Ich habe das aber auch
nur erwähnt, um das, was ihr ohnehin schon mal wahrnehmen könnt, ins Gespräch zu bringen.*

Du sprichst jetzt vom Träumen, oder?

Richtig. Und auch wenn ich ja schon erwähnt habe, dass das Träumen eine Sache zu sein scheint, die im Alltag höchst umstritten ist, kann es doch gerade für Menschen, die dem Leistungsprinzip so sehr anhängen, eine neue Perspektive sein.

Wie meinst du das? Ich glaube nicht, dass sich jemand, der vorher aufs Träumen geschimpft hat, sozusagen zum Träumer wird.

Abwarten.

Und?

Wenn ich dem oder der nämlich sage - und begreiflich machen kann - dass sie das, was sie da gerade aktuell mit sich und anderen treiben, auch viel leichter haben können, sogar mit besseren Ergebnissen, dann kommt vielleicht Bewegung in die Sache.

Da bin ich gespannt. Ich meine, ich kenne ja auch den ein oder anderen. Ich kann mir nicht vorstellen, dass die sich auf so etwas einlassen würden. Egal, was du denen versprichst.

Warum?

Weil sie so sehr in ihrer Leistungswelt leben. Die haben das so aufgesaugt, da passt kein Blatt dazwischen.

Du meinst, sie sind da wenig flexibel?

So könnte man es auch ausdrücken.

Vielleicht haben sie aber auch nur Angst, ihre bisherige Leistungsrolle aufzugeben.

Was heißt »Rolle«? Die sind so, wie sie sind. Das ist ja keine Rolle. Das sind ja keine Schauspieler, die tagsüber eine Rolle spielen und danach Feierabend machen. Das Ding läuft ja rund um die Uhr.

Dann läuft die »Rolle« halt rund um die Uhr. Vielleicht haben sie nur vergessen, dass sie sie durchaus mal ruhen lassen könnten. Vielleicht würde es ihnen sogar guttun.

Ich denke nicht, dass sie das, was sie sind, als Rolle begreifen. Ich glaube, wir drehen uns im Kreis.

Das ist schon so. Aber in erster Linie drehen sich die im Kreis, die in dieser Sache möglicherweise feststecken. Ich will mal versuchen, dass so gut es geht aufzudröseln.

Bitte.

Wenn du als Mensch hier auf diese Erde kommst, dann wirst du ja als Baby geboren. Aus dem schönen, warmen, Mutterbauch wirst du an die Luft gesetzt, häufig bei greller Beleuchtung, du musst auf einmal selber at-

men und dich nackt fremden Menschen aussetzen, die dich angaffen...

Der Stargast muss halt in Szene gesetzt werden.

Und das Ganze passiert üblicherweise nicht in deinem späteren Zuhause, sondern an einem klinischen, ungemütlichen Ort, genannt Krankenhaus. Und nicht wie im Tierreich, wo du tatsächlich direkt in dein zukünftiges Zuhause geboren wirst und deine Mutter die Einzige ist, die dich empfängt. Aber immerhin bemühen sich die fremden Menschen um dich und wenn du Glück hast, landest du zügig auf oder an der Brust deiner Mama.

Direkt an der Nahrungsquelle. Das versöhnt.

Es könnte schlechter laufen. Trotzdem geht die Odyssee weiter. Denn da bleibst du nicht sehr lange, sondern wirst beizeiten an einen anderen Ort verfrachtet, sollst dort erst mal schlafen, verdauen und wieder zur Mutter. Dann schließlich und endlich wieder an einen anderen Ort, der sich dein »neues Zuhause« schimpft. Entweder komplett in Rosa gestrichen oder alternativ in Blau, je nachdem, für welches Geschlecht du dich entschieden hast. Dann geht es munter weiter. Weitere Menschen betreten die Bühne. Es könnte Geschwister von dir sein, die sich entweder freuen oder dich direkt mal kneifen, weil sie eben nicht begeistert sind von deiner Ankunft. Dann lässt sich vielleicht mal der Vater sehen, gerne mit der Bierflasche in der Hand, weil er ja die Kum-

pels zum Feiern eingeladen hat. Und alles wegen dir. Unvermeidlich wohl auch die Tante, die dich aus dem Bettchen holt, um dich zu knuddeln oder - was dir das erste Mal wirklich einen Schrecken einjagt - dich abzuknutschen. Dann wieder trinken, verdauen, Windeln wechseln, Schlafen und so weiter.

Worauf willst du hinaus?

Darauf, dass du, als dieses kleine Wesen, zu 100 Prozent ausgeliefert bist.

Wem oder was? Ich meine, ist mir eigentlich schon klar.

Ja, das ist mehr als offensichtlich. Der Aufenthalt im Mutterbauch entspricht 100 Prozent Sicherheit, einmal auf der Welt, entspricht null Prozent Sicherheit.

Vielleicht etwas übertrieben? Deine Mutter achtet ja nach wie vor auf dich.

Das könnte man denken. Und natürlich hat sie die Absicht. Zumindest, wenn du ein willkommenes Kind bist. Es gibt ja durchaus auch andere Konstellationen. Aber selbst wenn deine Mutter eine absolute Bärenmutter ist, bleibt dieses Außen, alles, was um dich herum passiert, eine absolute Wundertüte. Was ich damit einfach sagen will: Du scannst im Prinzip schon als Baby zwei Dinge. Kannst du dir denken, welche?

Ich kenne nur eins: Wo ist die Tante?!

Richtig. Wo ist »Gefahr« und wo ist »Energie«?

Energie?

Darf ich das Wort sagen? Darf ich den Begriff aus der Esoterikabteilung erwähnen? So lange, bis mir ein Besserer einfällt? Kommt ja nicht immer so gut an...

Hast du was gegen Esoterik?

Nein. Du?

Manchmal.

Na schön. Aber was hältst du von meiner Aussage?

Also »Gefahr« ist klar. Die Sache mit der Tante. Aber über das Schlimmstmögliche hinaus gibt es ja sicherlich noch andere Gefahren.

Natürlich. Das kann alles sein. Weil du ja im Grunde hilflos bist, für dich selbst nicht sorgen kannst. Ergo bist du auf Gedeih und Verderb deiner Umwelt ausgeliefert. Deinen, vielleicht, eifersüchtigen Geschwistern, genauso wie Kälte, Hitze, Hunger, Durst, volle Windeln und vieles mehr. Und du hast noch nicht einmal die Chance, deine Bedürfnissen klar mitzuteilen. Schreien und Lächeln ist das Einzige, was dir zur Verfügung steht. Ein echtes Dilemma.

Im besten Fall geht alles gut.

Das tut es ja meistens auch. Allerdings bleibt dir eines erhalten, auch wenn du es letztlich erfolgreich in das Erwachsenenalter geschafft hast.

Das wäre?

Du bleibst bei deiner »Überlebenstaktik«.

Welche war das nochmal?

Du scannst deine Umgebung. Nach Gefahr und nach Energie.

Tatsächlich?

Und warum machst du das?

Weil ich es gelernt habe?

Weil das die beiden einzigen relevanten Dinge sind, die du für dein Überleben brauchst.

Sonst nichts?

Nein.

Ein Auto wäre nicht schlecht.

Das würde unter den Begriff »Energie« fallen.

Was noch?

Im Grunde alles, was es dir ermöglicht, zu überleben.
Kleidung, ein Dach über dem Kopf, einen Partner...

Manche würden behaupten, sie könnte genau damit
nicht überleben.

Das mag sogar sein. In diesem Fall wäre ein möglicher
Partner potentiell Energie und Gefahr gleichzeitig. Was
vermutlich sogar öfter zutreffend ist, als gedacht.

Oder am Anfang gedacht.

Als alles noch rosarot war? Kann schon sein. Manchmal
lässt man sich ja auch blenden. Aber üblicherweise dürf-
te der Fall klar sein. Du weißt, was du brauchst und du
weißt, was nicht Teil deines Lebens sein darf.

Normal schon.

Jetzt wäre das alles ja auch kein großes Problem, wenn
der Mensch zwischen diesen beiden Dingen wirklich
sauber unterscheiden könnte. Auf der einen Seite das,
was ihm wirklich guttut, auf der anderen Seite das, was
ihm schadet.

Du denkst, das kann er nicht?

Fast nie.

Warum?

Beispiel: Ein Mensch hat Bindungsängste und bleibt deshalb allein. Geschickt oder ungeschickt?

Vermutlich eher ungeschickt.

Ich denke auch. Einfach deshalb, weil er dann nie die Erfahrungen machen kann, die in einer Beziehung möglich sind. Und das sind immerhin eine Menge.

Aber er spart sich auch negative Erfahrungen.

Die er aber gar nicht machen müsste, wenn er ein natürliches Verhältnis zu seinem Partner oder einer Partnerschaft hätte.

Vielleicht.

Was ich damit sagen will: Der Mensch sieht in seiner Umgebung häufig eine Gefahr, die bei nüchterner Betrachtung keine ist. Wenn der mittlerweile 20-Jährige bei einer Familienfeier seine Tante wiedersieht, dann kann es sein, dass er unvermittelt weiche Knie bekommt oder ihm schlecht wird. Nun ist es ja so, dass sie ihn wohl kaum mehr abknutschen wird, allein deshalb nicht, weil er sich heute zu wehren wüsste. Trotzdem ist sie wahrscheinlich keine neutrale Person für ihn, die erlebte Er-

fahrung verhindert das. Und so geht es uns mit fast allen Dingen. Sowohl mit Menschen, als auch mit Dingen oder Ereignissen. Wenn dich als Kind mal ein Hund gebissen hat, ist es vermutlich auch als Erwachsener dauerhaft vorbei mit der Hundeliebe. Und die Freude, die dir ein solcher Vierbeiner bescheren kann, ist für dich nicht erlebbar. Womit wir gleichzeitig bei dem Thema »Energie« wären. Denn durch die Freude würdest du ja Energie generieren, die du dir aber so vorenthältst.

Dann wäre eine Therapie nicht schlecht. Ich meine, du könntest die Sache mit dem Hund ja sicher aufarbeiten. Wenn du verstehst, dass das eine einmalige Aktion war und sie sich nicht wiederholen muss. Dein eigener Hund wird dich ja schließlich nicht beißen.

Ja, das könntest du. Allerdings müsstest du dann die Hürde nehmen und dich erneut diesen Gefühlen, dem Gefühl der Angst aussetzen. Machst du das so ohne weiteres? Oder sagst du dir: Ich meide einfach Hunde und schaffe mir stattdessen einen Hamster an. Der ist halbwegs erträglich für mich und vier Beine hat er auch.

Na vermutlich mache ich es mir leicht, wenn ich denn ausweichen kann auf eine Alternative...

Und so mache ich es im Endeffekt mit anderen Dingen auch. Ich umschiffe mögliche »Gefahrenquellen«, egal ob sie objektiv gefährlich sind oder nicht. Kann mir eine Spinne gefährlich werden?

Eher nicht. Also jedenfalls keine hiesige.

Kann mir eine Steuererklärung gefährlich werden?

Hinsichtlich?

Gefahr für Leib oder Leben?

Nein, sicher nicht. Allerdings ist sie auch kein wirklicher Energielieferant. Zumindest nicht für mich.

Sag das nicht. Viele würden Geld wiederbekommen, verzichten aber darauf, weil es ihnen zu kompliziert ist. Oder unangenehm, sich mit einer Behörde auseinanderzusetzen. Das Gleiche gilt für mögliche Förderungen, Zuschüsse und so weiter. Umgerechnet auf deine zu investierende Zeit hättest du einen exorbitanten Stundensatz, würdest du dich einfach nur überwinden, die Dinger auszufüllen und ab damit in die Post. Du verzichtest lieber auf viel Geld, nur um das nicht machen zu müssen. Verrückt, nicht wahr?

Schon. Im Grunde aus objektiven Gesichtspunkten nicht nachvollziehbar.

Nein. Das ist nur zu begreifen, wenn du weißt, was die Menschen mit einer solchen Tätigkeit verbinden.

Psychoanalyse?

Möglicherweise. Nun wird aber wohl kaum jemand auf der Couch eines Psychologen Platz nehmen mit der Bitte, ihm doch mal zu erklären, warum er sich von Papierkram fernhält.

Vermutlich nicht. Aber warum erzählst du mir das alles eigentlich?

Weil ich darstellen möchte, dass die Erfahrungen, die wir einst gemacht haben, uns in unserem aktuellen Leben nach wie vor beeinflussen. Und zwar oft so, dass ein erfolgreiches Leben gar nicht möglich erscheint.

Was wäre denn für dich ein »Erfolgreiches Leben«?

Dass ich das, was ich erfolgen lassen möchte, erfolgen lassen kann und schließlich auch erfolgen lasse.

Aha.

Oder anders ausgedrückt: Das alle Sehnsüchte, die ich habe, für mich konkret erlebbar werden. Oder nochmal anders: Das ich ein Leben lebe, was mich erfüllt.

Was erfüllt mich denn?

All das, was ich mir in meinem »Lebensplan« ausgedacht habe, bevor ich auf diese Welt gekommen bin.

Oha. Das klingt jetzt abermals etwas esoterisch.

Schlimm?

Nein, nicht direkt. Aber mal schauen, wie es weitergeht.

Na besser wird es nicht.

Das heißt?

Was glaubst du, wer du eigentlich bist?

Diese Frage kenne ich schon, allerdings hat sie mir öfters mal eine andere Person gestellt...

Ich will nicht wissen, was dich deine Frau früher gefragt hat, ich möchte wissen, was du wirklich denkst?

Wer ich bin?

Ja?

Ich denke, ich bin ein Mensch. Also das ist wohl das Mindeste, was zutreffend sein müsste.

Immerhin. Und was denkst du, ist ein Mensch?

Das ist schon schwieriger. Ein Mensch ist halt ein Mensch. Was weiß ich. Kannst du keine normalen Fragen stellen?

Das ist die normalste Frage der Welt!

Finde ich nicht.

Wenn du die nicht beantworten kannst, dann...

Dann?

Dann weißt du vermutlich auch nicht, was du hier sollst.

Mal ganz ehrlich: Diese spezielle Frage stelle ich mir tatsächlich fast täglich.

Das glaube ich sogar. Würde ich dir allerdings sagen, was das Ganze hier soll mit dir und der Erde, und von mir aus auch Schalke 04, dann könnte sich deine Grundstimmung vielleicht etwas aufhellen.

Das kannst du gerne tun. Mit was willst du mich denn locken?

Vielleicht mit der Aussicht auf ein schönes, entspanntes, liebevolles Leben?

Das klingt so erst einmal gar nicht so schlecht.

Aber?

Die Frage ist, was ich denn im Zweifel dafür tun müsste.

Ist das tatsächlich deine Frage?

Na, ist es denn nicht immer so, dass der Mensch versucht einzuschätzen, ob sich ein Aufwand lohnt oder eben auch nicht?

Doch schon. Aber wenn ich dir das eben Genannte in Aussicht stelle, müsstest du dann nicht alle Hebel in Bewegung setzen, um dahin zu kommen?

Eigentlich ja.

Was würde dich hindern?

Vielleicht der Glaube daran, dass ein solches Leben überhaupt möglich ist?

Und wenn ich dir glaubhaft nahe bringen könnte, dass es durchaus möglich wäre?

Dann würde meinen Bemühungen eigentlich nichts mehr im Wege stehen.

Doch.

Doch?

Ich behaupte, selbst wenn dir völlig klar wäre, dass es möglich und logisch ist, ein solches Leben führen zu können, würde dir möglicherweise eine entscheidende Sache dafür fehlen...

Welche sollte das sein?

»Energie«! Und zwar ausreichend davon.

Ach so?

Ja. Um wirklich dahin zu kommen, brauchst du Energie. Und gar nicht mal so wenig.

Und habe ich die denn?

Du jetzt?

Ja?

Am Anfang deines Lebens sicherlich noch ausreichend. Aber dein Energieniveau ändert sich ja mit der Zeit. Und selten hin zu mehr Energie. Aber zu diesem Thema komme ich noch. Zunächst würde ich aber einmal meine Sicht der Dinge darstellen wollen, die dem ein, oder der anderen, vielleicht nicht so geläufig sind.

Bitte.

Ich habe ja eben davon gesprochen, dass es Menschen gibt, die das Leistungsprinzip hochhalten. Du erinnerst dich?

Dunkel.

Wenn ich einem solchen Menschen begegne, wie wirkt der häufig auf mich?

Gute Frage. Das hängt wohl davon ab, wie ich selber zum Thema »Leistung« stehe, oder?

Schon möglich.

Was denkst denn du?

Würdest du dich - unabhängig von deiner eigenen Lebens-einstellung - in der Nähe eines solchen Menschen wohl fühlen? Vielleicht weil du dich von ihm verstanden fühlst, geborgen, in Sicherheit und womöglich wertgeschätzt?

Kann man das pauschal so sagen?

Tendenziell?

Die Chance wäre wohl eher groß, dass ich mich nicht so fühlen würde.

Warum?

Weil er oder sie möglicherweise alles, was stattfindet zwischen uns, mit dem Thema »Leistung« in Verbin-dung bringen würde?

Womöglich. Das könnte konkret bedeuten, dass dieser Mensch dich direkt mal nach deinem Beruf fragt und egal, was du antwortest, wissen möchte, wo du dein Potential siehst, ob du denn auch aktuell eine Fortbildung laufen hast, wie deine Aufstiegschancen stehen, was du am Monatsende rausbekommst, wie und wo du dich in fünf Jahren siehst?

Vielleicht. Wäre naheliegend.

Und wenn du den fragst, wie es ihm so geht, er dir alles runterbetet, was er so macht, wie seine Pläne sind, welche Idioten er um sich herum ertragen muss, wie viel Geld er verdient und wo er sich in fünf Jahren sieht. Eine menschliche Leistungsschau.

Aber ist an diesem Prinzip denn alles verkehrt?

Das ist möglicherweise die falsche Frage.

Wonach würdest du fragen?

Ob dieses Prinzip für sich allein stehen kann?

Wie meinst du das genau?

Du kannst schon Leistung bringen. In vielen Bereichen. Aber mal ganz klassisch den Berufsbereich hergenommen, dann macht dieses Prinzip nur dann Sinn, wenn dieser Beruf überhaupt zu dir passt. Ansonsten gibst du viel Energie her...

Bekomme aber nichts raus? Das wäre das »Maximin-Prinzip«.

Doch, du bekommst schon etwas heraus.

Was denn?

Geld.

Immerhin.

Und Ansehen.

Auch das.

Weißt du denn, was »Ansehen« beispielsweise ist?

Komische Frage.

Ansehen ist das Ergebnis einer »Rolle«.

Wie die Rolle von vorhin?

Ja. Du hast eine Rolle kreiert.

Welche beispielsweise?

Kommt darauf an. Möglicherweise die des »Machers«, des »Helden«, des »Intellektuellen«, des »Unbesiegbaren«, des »Anführers«, des »Harten« und so weiter. Das ist dein Lohn. Neben dem Geld.

Also die Anerkennung.

Die Anerkennung deiner gespielten Rolle. Du selber hast nichts damit zu tun.

Wer denn sonst?

Du bist und bleibst, was du schon immer warst.

Ein Mensch?

Genau. Zumindest solange du auf Erden weilst.

Und dann?

Dann kehrst du dahin zurück, von wo du gekommen bist.

Du bist jetzt nicht überrascht, wenn ich dir die passende Anschlussfrage stelle?

Nein, ich wäre nicht überrascht. Aber wie lautet die doch gleich?

Und woher bin ich gekommen?

Aus dem Himmel.

Ich bin kein kleiner Junge mehr. Du kannst das schon etwas näher erläutern.

Das will ich gerne tun. Dass du allerdings kein kleiner Junge mehr bist, stelle ich hier mal klar in Frage.

Das kannst du machen, aber es interessiert niemanden.

Das behauptest du immer dann, wenn es mal eng für dich werden könnte. Aber gut. Ich bin eine Antwort schuldig: Wir erinnern uns an dieses große Bewusstseinsfeld, das vor einigen Milliarden Jahren nachweislich in Wallung geraten ist. Und scheinbar ist seitdem auch einiges passiert. Wenn wir uns mal die enormen Ausmaße des Kosmos anschauen, dann wird auch dem letzten Zweifler klar: Wer oder was auch immer so etwas geschaffen hat, die Größe des Ganzen ist unvorstellbar. Und noch eines wird klar und die Wissenschaftler können dies bestätigen: Das Ganze expandiert weiterhin und scheint nach gewissen Gesetzmäßigkeiten abzulaufen. Welche, das ist offenbar erst zum geringen Teil erforscht, aber für den Planeten Erde gäbe es offenbar einige, die jedem geläufig, oder zumindest hier erfahr sind.

Die Schwerkraft.

Mit der du jeden Morgen kämpfst? Richtig. Noch einige mehr, physikalische, chemische und so weiter. Das, was wir kennen, teils aus dem Schulunterricht, bezieht sich zumeist darauf, wie Materie organisiert ist. Was aber ist mit uns selber los, mit dem Menschen, mit seinem Geist? Wir haben kurz über das Thema Psychologie gesprochen. Aber wie weit geht diese aktuell? Beschäf-

tigt sie sich hauptsächlich mit unserer Anwesenheit auf dieser Erde und macht nach unserem Ableben Schluss?

Vielleicht reicht ihr das?

Menschen sind immer neugierig. Allerdings scheint hier eine Barriere zu sein. Zumindest, was die gängige Lehre betrifft. Wer kann schon hinter den Vorhang schauen, den man als »Tod« bezeichnet? Und lohnt sich das überhaupt? Denn danach ist ja eh alles vorbei. Das schöne Gesparte kann ich nicht mitnehmen, den Mercedes auch nicht und meinen Mann sehe ich auch nie wieder.

Was im Einzelfall ja nicht immer so tragisch sein muss.

Schon möglich. Kurzum: War es das jetzt, oder sollte ich mehr erwarten können? Worauf dürfte ich noch hoffen?

Am besten wir fragen mal einen Pfarrer.

Gute Idee. Aber im Grunde brauchen wir den gar nicht quälen, die Antwort kennen wir bereits.

Vermutlich schon. Also du meinst das Himmelreich, das auf uns wartet, Unsterblichkeit der Seele und so weiter?

Genau. Schön auswendig gelernt, aber ich mutmaße mal, nicht eigenhändig überprüft. Glaubst du auch dem Schalke-Präsidenten, wenn er dir erzählt, dass der Verein mit ihm im nächsten Jahr Deutscher Fußballmeister wird?

Nein.

Du meinst, da ist selbst ein Pfarrer glaubwürdiger?

Ich denke schon. Aber was denkst du?

Ich denke, bei beiden könnte es noch etwas werden mit ihren Plänen. Aber sie benötigen vielleicht noch etwas mehr Feinschliff und Authentizität. Und möglicherweise einen guten Berater.

Der du natürlich sein könntest.

Ich nicht. Ich muss keine Karriere mehr machen.

Schön für dich.

Ja, in der Tat. Allerdings bin ich ja, wie du siehst, frei-beruflich unterwegs. Sozusagen außerhalb meines ge-setzlich vorgeschriebenen Arbeitslebens und noch dazu Pro Bono.

Und warum machst du das dann überhaupt? Ich glaube, ich habe noch nie gefragt.

Ich mache es, weil ich es machen möchte.

Das klingt logisch und selbsterklärend. Verstehe ich trotz-dem nicht.

Vielleicht mache ich es, weil mir aufgefallen ist, wie sehr sich die Menschen abrackern, wie viel Leid sie in Kauf nehmen, für so wenig Ertrag. Kannst du da was mit anfangen?

Schon.

Wenn du jemanden siehst, der etwas macht, was völlig sinnlos ist, würdest du den auf sein Tun aufmerksam machen?

Es würde mich sicherlich jucken.

Siehst du. Und mich juckt es auch. Natürlich könnte ich sagen: Macht euren Scheiß alleine, ihr seid einfach zu doof, 1000-mal denselben Fehler gemacht und euch fällt wohl nichts auf dabei?!

So denkst du wohl nicht?

Nein gar nicht.

Dabei wäre es naheliegend.

Ja sehr. Aber eben nur dann, wenn du nicht verstehst, warum ein Mensch oder gleich eine ganze Gruppe etwas tut, was sie in den Abgrund treibt. Und damit meine ich noch nicht einmal den Tod. Manchen haben mit 20 ihr Leben schon hinter sich, allein weil sie sich ein geistiges Konstrukt gebaut haben, was ihnen selbst in keiner

Weise entspricht. Und den Rest ihres Lebens laufen sie als Zombies umher und versuchen dann noch, andere von ihrem Unglück zu begeistern.

Hallo, mach mal halblang!

Bitte?! Ich laufe mich gerade erst warm. Willst du mir etwa erzählen, dass nicht alles schlecht ist, dass es auch Lichtblicke gibt?

Beispielsweise. Siehst du das nicht so?

Doch auch. Aber viel zu wenige. Und die, die tatsächlich Lichtblicke sind, werden von anderen noch verhöhnt, diffamiert und als Idioten und Scharlatane abgestempelt. Aber das war ja schon immer so. Fast immer so.

Da könnte schon was dran sein. Vielleicht sind die anderen aber auch nur neidisch.

Aber sicher sind sie das. Und natürlich ist es schmerzhaft, wenn ich jemanden sehe, der entspannt Millionen verdient, der keine Sorgen zu haben scheint, ständig mit einem Lächeln durch die Welt läuft und ich jemand bin, der sich täglich abrackert für ein paar Cent.

Sagt mir was.

Aber mal zurück zur Fragestellung.

Welche Frage nochmal?

Gibt es ein Leben nach dem Tod und wenn ja, welches?

War das tatsächlich die Frage?

Nicht?

Doch schon.

Lohnt es sich überhaupt, ein sinnvolles Leben zu füh-
ren? Auch wenn ich wüsste, wie es geht? Oder kann
ich mir das im Grunde genommen auch sparen und
mich jeden Tag in der Kneipe rumtreiben, bis es vor-
bei ist?

Du meinst das Leben oder das Geld?

Im Zweifel beides. Es ist ja schon ein ziemlicher Auf-
wand, mir Gedanken über mich und meine Rolle in der
Welt zu machen, oder?

Vermutlich ja.

Wo ist also der Gewinn, wenn es überhaupt einen gibt?

Eine philosophische Frage.

Nein, eine ganz praktische.

Auf die ich leider keine Antwort habe. Was denkst denn du? Lohnt es sich, ein sinnvolles Leben zu führen?

Auf jeden Fall. Und ich will auch versuchen, zu erklären, warum ich so denke.

Sehr gerne.

Also mal eines vorweggenommen: Es ist tatsächlich kein Zufall, dass ihr hier seid. Keine Laune der Natur, sondern vielmehr von langer Hand geplant.

Wer hat denn so eine lange Hand?

Im Grunde ihr selber. Mit »ihr« meine ich zwar nicht das, als was ihr euch womöglich aktuell empfindet, sonder euch, wie ihr normalerweise seid.

Wie sind wir denn normalerweise?

Außerhalb eures Lebens hier auf der Erde seid ihr in der Tat größer. Und »weiter«, wenn du so willst. Ich könnte auch noch anfügen, dass ihr dort freier seid. Falls dir das etwas sagt.

Bedingt.

Dort wo ihr üblicherweise herkommt, gelten auch andere Gesetzmäßigkeiten, als hier auf der Erde.

Was ist zum Beispiel anders?

Zeit und Raum sind anders. Dort gibt es beispielsweise keinen linearen Aufbau der Zeit.

Das heißt?

Vergangenheit, Gegenwart und Zukunft sind gleichzeitig erfahrbar. Und viele andere Dinge sind nicht so, wie ihr sie hier üblicherweise erfahren könnt.

Aber was bin ich denn dann in dieser anderen Welt?

Im Grunde bist du ein Teil deiner »Seele«.

Also hat der Pfarrer doch recht, wenn er von der Unsterblichkeit der Seele spricht?

Bedingt.

Warum? Wie denn genau?

Dazu komme ich noch. Jetzt würde ich zunächst einmal erläutern wollen, warum wir uns hier auf der Erde häufig so schwertun mit unserem Leben. Oder anders formuliert für diejenigen, die hier eigentlich ganz gut zurechtkommen: Wo Potential zu finden ist, damit es nicht nur gut, sondern richtig gut wird.

Schön. Unter welcher Kategorie laufe ich eigentlich?

Das willst du gar nicht wissen.

Stimmt. Habe ich auch gerade beschlossen. Du kannst mir ja einfach Bescheid geben, wenn ich in der zweiten Kategorie angekommen bin.

Sehr gerne. Aber bis dahin ist ja noch ein bisschen Zeit. Vielleicht wird Schalke in der Zwischenzeit ja doch noch Meister...

Ich werde deinen Ausführungen lauschen und das dann einfach umsetzen. Fertig. Keine große Sache.

Schön. Dann kann ich ja weitermachen. Der Grund, warum Gott, wenn wir ihn denn so nennen wollen, die »Seele« erschaffen hat, ist ganz einfach: Wenn du beispielsweise vor hast, eine Firma zu gründen, dann hast du, bevor du die ersten Schritte einleitest, ja eine Grundidee von dieser Firma. Und es wäre natürlich gut und hilfreich, du schaffst vorher die entsprechenden Voraussetzungen, damit hinterher, wenn es denn richtig losgeht, an alles gedacht wurde. Denn wenn auch nur ein kleines Detail nicht passt, kann es später den ganzen Ablauf lahmlegen. Also machst du das Ganze dingfest mit einer Art von »Gesetz«. Was soll eine absolute Gültigkeit haben? Worauf ist immer zu achten? Wenn du das bestimmt hast, dann brauchst du noch einen Plan, wie die Firma personell organisiert sein muss, damit alles so läuft, wie es deine Idee verlangt. Und je größer die Firma wird, je mehr sollte das bedacht werden. Ergo kommst du darauf, dass es gut wäre, sich einen Stellvertreter zu besorgen, weil du nicht alles alleine schaffen kannst. Und selbst der Stellvertreter braucht dann Mitarbeiter, auf die er sich, im Sinne der Firma, verlassen kann. Damit eben alles wohlorganisiert und reibungslos läuft. Bei entsprechender Größe der Firma kennt der Chef dann zwar nicht mehr jeden einzelnen Mitarbeiter, ihm ist es aber auch egal, weil er ja weiß, dass sein Personalbüro alles im Griff hat. Ist das geschehen, sind alle so weit eingearbeitet, dass die Firma floriert, kann er sich dann nach und nach zurückziehen und im Zweifel neue Pläne schmieden. Auf die er vielleicht Lust hat.

Wie baue ich die nächste Galaxie auf...?

Beispielsweise.

Du meinst, das »Personalbüro« ist die Seele?

Mehrzahl. Die Seelen. Und nicht nur die, es geht auch hier expansiv weiter. Denn über »deiner« Seele wartet schon die entsprechende Überseele, danach kommt die Überüberseele und so weiter.

Nicht vorstellbar.

Schon »deine« Seele alleine ist nicht vorstellbar. Diese Dimensionen sind einfach unbeschreiblich groß.

Aber wie passt meine Seele denn dann in einen vergleichsweise kleinen Körper wie den meinigen?

Du meinst, in so einen kleinen dicken?

Von mir aus. Wenn es dich freut.

Glücklicherweise ist das, was du vor deiner Reise hierher mitgenommen hast, auf das Minimalste verstaut. Vergiss nicht, du warst ja schon mal winzig klein. Wenn du so willst die Fusion von Ei- und Samenzelle. Das ist übersichtlich in den Ausmaßen.

Stimmt. Nicht sehr geräumig.

Aber hast du das Gefühl, dass das, was du »denken« nennst, zwingend in deinem Kopf stattfinden würde?

Eigentlich schon.

Nun in deinem Falle ist es ja eh nicht viel, was da stattfinden müsste. Allerdings ist es ein Trugschluss, dass du »im Kopf« denkst. Auch wenn es sich so anfühlt.

Nicht? Wo denn dann?

Eher in seiner direkten Umgebung, wenn du so willst. Das Gleiche gilt auch für deine Gefühle. Die umgeben dich mehr, als dass sie in dir sind.

Na schön. Aber was habe ich denn überhaupt mit hier her genommen?

So einiges. Und ganz am Anfang, vor der »Abreise«, ist es dir auch noch bewusst, was das alles ist.

Was meinst du mit »Anfang«?

Wenn Ei- und Samenzelle verschmolzen sind, ist das im Prinzip deine Geburt. Du, im Zusammenspiel mit deiner Seele, beleben dieses rasant wachsende Zellkonglomerat. Wenn du so willst, hat dein Bewusstsein in der hiesigen Welt einen Anker geworfen und begleitet deinen wachsenden Körper, den Embryo. Allerdings bist du nicht immer da.

Das heißt?

Du verlässt anfangs noch mit schöner Regelmäßigkeit deinen Zellhaufen und kehrst zu deiner Seele zurück.

Was mache ich da? Noch mal einen heben, bevor mich die Welt verschluckt?

Das mit dem »verschlucken« passt schon ganz gut. Ich weiß zwar nicht, ob du tatsächlich noch mal bechern gehst, was natürlich einiges erklären würde, aber sicherlich bist du daran interessiert, mit deiner Seele noch einmal Informationen hin und her zu tauschen. Denn mit jedem Mal, wo du wieder in den Embryo »eintauchst«, wird es schwerer, wieder zurückzukehren. Und mit der Zeit wird deine Verbindung zu dem kleinen Körper immer intensiver und die zu deiner Seele immer weniger. Bis du schließlich nur noch in dem Körper bist und dich im Grunde auf die Geburt vorbereitest.

Ich bin sozusagen alleine, wenn ich geboren werde.

Nein, tatsächlich nicht.

Was meinst du?

Hier komme ich zu dem ersten Fakt, zum ersten Erklärungsversuch, warum ihr euch hier auf der Erde so leicht mit anderen Menschen verwickelt.

Verstehe ich nicht.

Man könnte ja meinen, je länger du im Körper des kleinen Embryos verweilst, steigt deine Bindung zu ihm. Entwickelt sich ein Gefühl von: »Das bin ich und mein Körper.«

Das ist nicht so?

Nein. Je länger du im Körper des Embryos verweilst, je stärker ist die Bindung nicht zu ihm, oder zu dir selbst, sondern zu deiner Mutter.

Aha. Das kann schon sein. Immerhin bin ich ja auch in ihr.

*Ja. Du hast anfangs kein eigenes Körpergefühl. »Dein«
Körper ist der deiner Mutter.*

Schlimm?

*Nein, es ist wie es ist. Allerdings hat das weitreichende
Konsequenzen.*

Welche? Ich fühle mich zu dick? Bei 50 Kilogramm?

*Nein, so nicht. Obwohl es doch wieder so ist. Du emp-
findest nicht nur ihren Körper als dein Zuhause, sondern denkst auch, was sie denkt und fühlst, was sie
fühlt. Da gibt es keinen Unterschied.*

Ich denke wirklich, ich wäre sie?

Ja. Eins zu eins.

Ach herrje. Dann würden mir gleich mal einige Dinge ein-
fallen, wo ich immer noch denke, dass ich wie sie denke.

*Das dürfte nicht nur dir so gehen, das ist bei fast allen
so. Ob ihnen das nun bewusst ist oder nicht.*

Und wie komme ich im Zweifel da raus?

*Indem du tatsächlich erst einmal rauskommst aus ihr.
Bestenfalls auf die Art und Weise, wie es für beide, besonders aber für deine Mutter, am schmerzhaftesten ist.*

Warum erwähnst du das?

Auf diese Art wird der »Abschied« am intensivsten erfahrbar für beide. Inklusiver aller biochemischen Begleitumstände in euren Körpern. Da hat sich der liebe Gott was bei gedacht.

Wenn das nicht so ist, laufe ich dann später als Mann immer noch als »Mutti« durch die Gegend?

Nein, so nicht. Ich sage ja nur, dass es einen Grund hat, warum die Geburt so ist, wie sie ist. Und keine Gottesstrafe.

Vielleicht fällt der Abschied leichter, wenn es am schwierigsten ist?

Jetzt fängst du wieder an, zu philosophieren...

Warum nicht?

Es ist besser, die Sache pragmatisch anzugehen, nicht mit Vermutungen und Glauben.

Der Glaube versetzt Berge.

Das kann sogar sein, aber möglicherweise in einem anderen Kontext. Darf ich jetzt weitermachen?

Natürlich.

Schließlich befinden wir uns in einer entscheidenden Prägungsphase. Oder willst du dein ganzes Leben als deine Mama rumlaufen?

Sicher nicht.

Schön. Was also tun, wenn die Bindung zwischen Mutter und Kind so eindeutig und absolut ist?

Gute Frage. Abwarten und Muttermilch trinken?

So ungefähr. Denn Protest bringt ja nichts. Du weißt ja noch nicht einmal wirklich, dass es dich gibt. Und der Himmel als Zuflucht ist mit Verlaub, erst einmal geschlossen für dich.

Gänzlich?

Nicht ganz. Aber auch dazu komme ich noch. Jedenfalls hast du ja keine andere Wahl, als auf Zeit zu spielen. Inzwischen wird dir ein schöner Name verpasst und du bekommst so langsam ein eigenes Gefühl für deinen Körper. Und mit der Zeit fällt dir vielleicht auf, dass es zwar kuschelig bei Mama ist, sie ständig leckeres Essen für dich bereithält, aber sie am Ende auch nicht wirklich du ist. Und je mehr Zeit verstreicht, je größer du wirst, je deutlicher wird dir das klar.

Dann ist ja alles gut.

Scheint so. Wäre da nicht die Tatsache, dass all das, was deine Mutter während der Schwangerschaft gedacht, gefühlt und erlebt hat, auch gleichzeitig deine Erfahrung war. Du kommst also nicht als unbeschriebenes Blatt hierher, du hast schon mal einen Koffer voller Erfahrungen dabei, wenn du geboren wirst.

Der macht die Sache mit der Geburt sicherlich nicht leichter...

?

Ich konnte jetzt nicht anders. Sorry. Aber was willst du damit zum Ausdruck bringen? Obwohl ich es eigentlich schon ahne?

Wir kommen darauf zurück. Aber so ist halt erst einmal der Weg. Und den geht jeder Mensch. Nun wäre aber die Frage, wie du dich als Baby rein praktisch zu deiner Mutter verhältst. Und sie zu dir. Ist sie dir tatsächlich wohlgesonnen, oder auch schon mal genervt, wenn du eine Nacht Stakkato durchbrüllst? Weil vielleicht die Verdauung nicht passt oder es irgendwo zwickt. Ist sie immer noch entspannt und liebevoll? Ja? Gut. Aber wenn du noch eine Nacht dranhängst, um sie mal zu testen? Wie dem auch sei. Du machst in jedem Fall mit der Zeit die Erfahrung, dass ein bestimmtes Verhalten von dir bei ihr besonders gewünschte Reaktionen hervorruft. Wie zum Beispiel regelmäßige Nahrungsaufnahme, wenn du es möchtest, flottes Windeln wechseln,

Streicheleinheiten, mal nach dir schauen, ob du frierst oder schwitzt und so weiter. Und warum ist dir das so wichtig?

Weil das Gegenteil davon unangenehm ist?

Unangenehm würde ja im Zweifel noch auszuhalten sein. Aber im Extremfall würdest du ohne Fürsorge nicht überleben. Und das weiß selbst ein so kleines Baby. Also passt du mit der Zeit dein Verhalten so an, dass du für dich einen maximalen Erfolg erzielst. Erzeugst du irgendwie gute Laune bei deinen Eltern, dann geht es dir im Normalfall ebenfalls gut.

Schon war.

Und, wie du weißt, machen das nicht nur Babys. Auch schon ältere Kinder betragen sich gerne mal so, wie sie es sonst nicht tun würden, wenn denn etwas für sie rausspringt. Und da geht es schon lange nicht mehr um existentielle Dinge.

Du willst damit sagen...

...dass der Mensch von Beginn an lernt, wie er sich zu verhalten hat. Was gerne gesehen ist und was eben nicht. Und wenn du in einem hohen Erwachsenenalter immer noch davon ausgehst, dass es sich lohnt, sich irgendwie anzupassen, dann könnte das in einem krassen Widerspruch zu dem stehen, was du hier auf der Erde erleben

willst. Das spielt sich nicht bewusst ab, das Meiste ist im Unterbewusstsein gespeichert.

Aber Babys verhalten sich doch auch häufig so, dass die Eltern nicht erfreut sind.

Das tun sie. Und kleine Kinder ja auch. Aber nur dann, wenn sie absolut nicht anders können oder etwas erwarten, was ihre Situation verbessert. Wenn du als kleines Kind feststellst, dass es nichts bringt, deine Mutter oder Vater pausenlos lieb anzugrinsen, dann versuchst du es eben mal mit einem zünftigem Wutausbruch. Einfach eine Testrakete starten und auf ein günstiges Ergebnis hoffen. Vielleicht bist du sogar so clever und schaust dir Entsprechendes bei deinen Geschwistern ab. Falls welche verfügbar sind. Wenn die mal brüllen und trommeln in ihrem Zimmer, dann sitzt du an der Türkante, schaust und analysierst das Ergebnis.

Hier entstehen wohl schon erste Berufsbilder?

Wer weiß. In jedem Fall wirst du das Ergebnis zu verwerten wissen. Werden Leckereien gereicht, nur damit sie aufhören, weißt du genauso, was zu tun ist, als wenn elternseitig zurückgebrüllt wird, oder gar ihre Hand in Bewegung gerät.

Na schön. Und du denkst, diese Erlebnisse haben einen großen Einfluss auf das, was wir später denken oder machen?

Ich denke das nicht, ich weiß es. Es geht ja häufig nicht darum, was du machst, sondern eher, was du nicht machst. Was du von vornherein ausschließt, weil es sich vielleicht zu verwegen anfühlt.

Was könnte das sein?

Kunst oder Philosophie studieren? Wenn dein Vater Handwerker ist, deine Mutter Chefsekretärin und beide nichts von »brotloser Kunst« halten? Würde es dir eher leicht oder schwer fallen, ihnen von deinen absurden Plänen zu erzählen?

Tendenziell dürfte es mir eher schwerfallen.

Warum?

Keine Ahnung. Eigentlich ist es ja egal. Ich bin erwachsen und kann machen, was ich will.

Richtig. Demnach müsste es weder schwer noch leicht sein, sondern neutral. Oder du sagst gar nichts, maximal auf bohrende Nachfrage. Aber deine Gefühlswelt sagt möglicherweise etwas anderes. Die duckt sich innerlich vielleicht schon mal, wenn du es »beichtest«. Weil du natürlich erwartest, mit Vorwürfen überschüttet zu werden. Oder gleich aus dem Haus gejagt wirst und dein Vater noch hinter dir her brüllt, dass er dich enterben wird.

Das könnte die Folge sein. Oder so ähnlich.

Aber warum juckt es uns dann?

Tatsächlich eine gute Frage. Ich meine, manche juckt es ja vielleicht auch nicht. Oder sie provozieren solche Situationen sogar. Die kenne ich auch.

Weil sie Angst haben.

Wieso Angst?

Wenn du jemand bist, der so was macht, dann hast du Angst vor der Konsequenz, die du selber provozierst.

Aber warum sollte ich das dann machen?

Weil du dir nicht anders zu helfen weißt. Du magst auf der einen Seite nicht sein wie deine Eltern, auf der anderen Seite benutzt du dein Verhalten, wie zum Beispiel deine Berufswahl, um das genaue Gegenteil zu machen, wie sie. »Schaut her, ihr Spießer, ihr werdet verarscht und merkt es nicht! Ich allerdings habe geschnallt, was abgeht« Dabei ist es eher so, dass du es selber nicht merkst. Nämlich die Tatsache, dass das Gegenteil von etwas nicht das Gleiche ist, wie für sich das Passende zu tun.

Das nennt man dann wohl »Protest«.

Das nennt man dann wohl »Dummheit«. Wenn du nur, um es deinen Eltern zu zeigen, etwas machst, was mit dir gar nichts zu tun hat, dann hast du schon vorher verloren.

Aber das Thema hatten wir doch schon mal. Was passt denn dann zu mir. Wo steht das geschrieben?

Du meinst, wo kannst du Einsicht nehmen?

Ja. Gibt es eine himmlische Bibliothek, in die jeder eingetragen wird, der auf die Erde kommt?

Der kleine Junge ist jetzt aber außerordentlich neugierig.

Immer.

Also unter uns Erwachsenen: Es gibt keine Bibliothek. Aber es gibt eben etwas, mit dem jeder Mensch ausgestattet ist, wenn er hier auf diese schöne Erde kommt.

Das »Wesen«?

Ein Wesen. Richtig.

Ist das verbunden mit dem Lebensplan, von dem du erzählt hast?

Der Lebensplan ist, wenn du so willst, in deinem Wesen integriert.

Also ist das Wesen größer als der Lebensplan?

Im Grunde ja. Aber beide bedingen sich natürlich.

Hast du mal ein Beispiel?

Wir waren gerade noch bei der Prägephase. Beziehungsweise bei dessen Auswirkungen. Bist du sicher, dass du hin und her springen willst?

Das ist mir egal.

Weil du dir im Zweifel ohnehin nichts merken kannst?

Ich kann es ja jederzeit nachlesen. Du sagst doch immer, ich soll mal etwas mehr Flexibilität zeigen.

Auch das ist wieder aus dem Zusammenhang gerissen. Aber gut. Probieren wir es.

Na bitte. Ich sollte dir öfter auf die Sprünge helfen.

Also, dass es ein Wesen gibt, ist ja nicht unbedingt bekannt. Tatsächlich ist es eigentlich fast gar nicht bekannt. Die wissenschaftliche Psychologie erkennt natürlich an, dass jeder Mensch einzigartig ist, er einen freien Willen besitzt und scheinbar gewisse Fähigkeiten mit in die Wiege gelegt bekommen hat. Allerdings geht der Begriff des »Wesens« weit darüber hinaus. Im Grunde ist er als eine Art »Blaupause« des einzelnen Menschen zu verstehen, wo alles abgelegt ist, was für ihn in diesem speziellen Leben wichtig ist.

Was zum Beispiel?

Die Art und Weise, wie sie oder er, durch sein Leben gehen will.

Also lustig beschwingt oder bierernst?

Nein. Im Übrigen kommt Negativität dort gar nicht vor. Alle Energien, wenn du so willst, sind lebensbejahend. Darauf ausgerichtet, möglichst viel Energie zu generieren. Ja näher du deinem Wesen kommst, umso mehr Energie hast du.

Ist das der Trick?

Welcher Trick?

Dass es so eingerichtet wurde, dass Energie entsteht? Sozusagen aus dem Nichts?

Tatsächlich ja. Wie bist du darauf gekommen?

Intuition.

Oh, dein Spezialgebiet. Scheint nur nicht immer zu klappen.

Das mag sein, aber bei wichtigen Dingen bin ich hellwach.

Ich werde dir demnächst das Gegenteil beweisen, aber hier hast du ausnahmsweise einmal recht. Deine Seele, dessen Teil du ja bist, hat sich ein ganz einfaches Prinzip zu eigen gemacht: Wenn du wesentlich lebst, hast du viel Energie, wenn nicht, wenig. Und genaugenommen musst du gar nicht mehr wissen, wenn du nach deinem eigenen Wesen fragst.

Aber du hast doch gesagt, es lässt sich auch beschreiben.

Natürlich.

Dann könnte ich doch anhand der Beschreibung mein Leben gestalten und so entsprechend viel Energie haben. Fertig. Aufgabe erfüllt.

Theoretisch schon.

Aber?

Woher willst du wissen, welche Inhalte dort abgelegt sind? Rein praktisch?

Gute Frage. Vielleicht spüre ich das irgendwie? Ich meine, jeden treibt es doch irgendwie dorthin, wo es sich gut anfühlt, oder? Was, zum Beispiel, mein Bauchgefühl mir sagt.

Wenn du deinen »Bauch« gut kennst, magst du einiger-
maßen erfolgreich sein. Aber wie viele Menschen hören
denn wirklich darauf? Oder anders herum: Wenn du
beispielsweise, durch wen oder was auch immer hervor-
gerufen, die Befürchtung hast, dass es sich nicht lohnt,
Kunst zu studieren, weil du dann automatisch arm wie
eine Kirchenmaus bist, was mag dir dein Bauchgefühl
wohl dazu sagen? Ist es ein warmes, weiches, vielleicht
liebevolles Gefühl, wenn du daran denkst? Oder ent-
steht eher ein bedrohliches Grummeln, wenn du dir
vorstellst, deine Bilder mit billiger Farbe unter einer
Brücke zu malen? Oder 100 Bewerbungen zu schreiben
und ausschließlich Absagen zu kassieren?

Du übertreibst immer.

Damit es anschaulich wird.

Also nicht auf sein Bauchgefühl hören?

Das kannst du schon machen, wenn du weißt, die Si-
gnale eindeutig zu deuten. Wenn du dich unter diesen
ganzen Vorzeichen allerdings noch nicht wirklich frei ge-
schwommen hast, du grundsätzlich eher von Misstrauen,
als von Zuversicht geprägt bist, ist zumindest eine Por-
tion Achtsamkeit angesagt. Da kann dir dein Gefühl
schnell mal einen Weg weisen, der auf den ersten Blick
sinnvoll und freudvoll erscheint, einfach nur, weil er
nicht mit negativen Erfahrungen belegt ist. Aber keine
Probleme zu haben, bedeutet nicht automatisch, sich

zu freuen. Andere Wege fühlen sich vielleicht gar nicht gut an, wären aber genau passend für dich. Das Gefühl ist halt mit Vorsicht zu genießen, wenn es nicht frei ist.

Aber wie soll ich denn dann jemals den richtigen Weg finden?

Erst einmal wäre ja eine Frage vorher zu stellen.

Welche denn?

Warum möchtest du denn überhaupt den »richtigen« Weg gehen?

Vielleicht, weil ich viel Energie generieren will?

Gut, auf die Idee bist du wahrscheinlich gerade erst gestoßen, weil ich darüber gesprochen habe. Aber selbst wenn, warum möchtest du denn viel Energie haben? Für dich? Für deine Seele?

Für mich natürlich.

Um was damit zu machen?

Gute Frage. Es ist ja vielleicht auch die Frage, wie viel Energie ich jetzt gerade habe und wie es sich anfühlen würde, deutlich mehr zu haben.

Ja, das könnte interessant sein.

Dann könnte ich ja immer noch entscheiden, ob sich das lohnt.

Das könntest du.

Oder ich frage dich.

Warum mich?

Vielleicht weißt du ja, wie es sich anfühlt.

Ich weiß es. Aber was nützt dir das?

Du könntest es mir beschreiben.

Das könnte ich probieren. Aber hast du schon mal jemandem beschrieben, wie du dich gerade fühlst? Und wenn der dieses Gefühl gar nicht kennt? Sagen wir einmal, du wärest frisch verliebt, alles rosarot und du würdest jemanden, der noch nie verliebt war, das näherbringen wollen. Du könntest dem das sicher irgendwie in Worte fassen, aber das bedeutet noch lange nicht, dass er dann tatsächlich ein eigenes, passendes Gefühl dazu bekommt.

Schon möglich.

Also was soll ich dir sagen?

Du könntest es ja mal versuchen.

Im Grunde geht das nicht. Was ich aber machen kann, ist, dir die Auswirkungen zu beschreiben.

Warum nicht. Ich nehme alles, was ich kriegen kann.

Wenn ein Mensch viel Energie hat, auch wenn der Begriff »viel« ja nach wie vor sehr relativ ist, dann könnte man bei diesem Menschen eine extreme Ausgeglichenheit feststellen. Und zwar keine gespielte, sondern eine echte. Dieser Mensch würde beispielsweise alle seine Mitmenschen so lassen, wie sie sind. Jeden so nehmen, wie er ist. Er würde aber gleichzeitig sich von niemanden beeinflussen lassen, es sei denn, er möchte. Er hätte ein klares Bild von der Welt, und von sich selber, gerade in dem Augenblick, wie er die Dinge wahrnimmt. Er hätte insgesamt eine große Wahrnehmungsfähigkeit und damit auch eine große Liebesfähigkeit. Er würde sich den ganzen Tag freuen über sich, das, was er tut, über andere Menschen, über alles, was ihn umgibt. Er hätte ein Gefühl von tiefer Dankbarkeit und am Ende seines Lebens würde er mit einem Lächeln gehen und dem tiefen Gefühl, dass sich sein Leben mehr als gelohnt hat. So ungefähr.

Das klingt schon gar nicht mal so schlecht.

Jetzt könntest du ja sagen: Das macht Sinn. Ich möchte auch so, oder ähnlich leben. Was muss ich tun?

Du hast mir meine Frage vorweggenommen.

Nun, ich würde sagen: Erst einmal weiterlesen. Und dann das Buch vielleicht noch ein zweites oder drittes Mal lesen und dann könntest du anfangen.

Mit was genau?

Ich habe doch gerade gesagt, du sollst das Buch erst einmal zu Ende lesen.

Ah ja. Geduld ist gefragt.

Du hast dein ganzes Leben verschlafen, da wirst du sicherlich noch ein paar Tage warten können.

Nicht, wenn mich was interessiert.

Du hast keine Wahl. Ich denke, es macht erst Sinn, etwas anzufangen, wenn die Zeit reif ist. Und das ist sie in diesem Fall noch nicht.

Na schön. Dann trödel aber bitte auch nicht.

Ich muss nicht schlafen, du aber wohl.

Es liegt natürlich an mir.

In diesem Falle schon. Hättest du mehr Energie, bräuchtest du fast gar nicht schlafen.

Das dürfte ja dann bald der Fall sein.

Natürlich. Und der Weg zu mehr Energie, um den Faden wieder aufzunehmen, geht tatsächlich über den Weg, immer wesentlicher zu leben. Allerdings muss ich fairerweise sagen, dass dafür erst einmal die Voraussetzungen geschaffen werden müssen.

Und wenn mir das alles zu langweilig ist? Zu viel Theorie? In der Schule war es auch schon so öde, wenn jemand etwas erklärt hat. Gibt es keinen »Quickstart«?

Den gibt es tatsächlich. Die Frage ist nur, ob du den dann auch durchhältst.

Was wäre denn der Quickstart? Nur für den Fall, ich möchte heute Abend noch anfangen?

Für diesen Fall bräuchte es im Grunde zwei Dinge: Mut und ausreichend Energie. Und beide sind bei dir Fehlanzeige.

Um was zu tun?

Um das, was du gerade tust zu beenden und etwas zu machen, was du bisher noch nie getan hast.

Aufräumen?

Egal was. Und wenn du damit fertig bist, dann das Gleiche von vorn. Und dann wieder und wieder. Und das Ganze dann einige Wochen lang. Zumindest aber mal drei.

Was soll das bringen?

Dich von alten Handlungsmustern zu befreien. Jedenfalls mal für's Erste. Als Basis.

Und warum sollte ich das tun müssen?

Ist das nicht offensichtlich?

Ich will nur sichergehen, ob wir das Gleiche meinen.

Wenn du jemand bist, der sein Leben bislang nicht als den »Großen Wurf« betrachtet hat, dann hast du in deiner Vergangenheit bis heute vielleicht ein Leben gelebt, dass nicht du, sondern jemand anderes bestimmt hat. Im Zweifel deine Eltern, oder Geschwister, vielleicht auch Freunde. Es kommen alle dafür in Frage, die irgendeinen Einfluss auf dich hatten, oder haben. Auch Vorbilder, die du persönlich vielleicht gar nicht kennst, zählen dazu. Vielleicht aus den Medien. Und das alles gibt ein bestimmtes Bild in dir, wie das Leben ist, wie es zu sein hat, was möglich erscheint und eben auch nicht. Und wenn du das nie überprüft hast, dann könnte man schon sagen, du bist in all dem ziemlich verloren.

Entschuldige die Zwischenfrage, aber wie würde sich das in mir bemerkbar machen?

Du wärest beispielsweise schnell erregbar, wenn etwas Unvorhergesehenes passiert. Oder auch das Gegenteil davon: Wie versteinert, handlungsunfähig. Wenn etwas geschieht, was dir nicht behagt, würdest du andere dafür verantwortlich machen wollen, selbst wenn es offensichtlich dein eigener Fehler war. Du wärst vielleicht besserwisserisch, verteidigst deine Meinung noch, wenn sie schon längst untergegangen ist. Du könntest nachtragend sein, weißt alles besser, kannst nicht verlieren, bist schnell nervös oder lethargisch. Entwickelst Süchte verschiedener Art, wie Rauchen, Fernsehen, Alkohol, Sex, Essen und alles, was dir noch dazu einfällt. Die Liste ist beliebig lang fortzusetzen, aber vielleicht reicht das ja schon für eine erste Idee?

Schon. Und ich bin so froh, dass nichts davon auf mich zutrifft!

Träume weiter. Wer hat denn noch vor ein paar Jahren jeden Abend mit einer Flasche Rotwein vorm Fernseher gehockt?

Ich?

Du?!

Ich erinnere mich nicht.

Scheinbar.

Du hast schon recht. Und ich weiß natürlich, warum ich das gemacht habe. Und es waren ehrlicherweise manchmal auch schon mal zwei Flaschen. Sehr bedenklich, wenn ich daran zurückdenke...

Ja. Aber damals hast du das gar nicht so empfunden. Und es fühlte sich ja auch gut an. Schön warm am Ofen, ein netter Film, eine schöne Doku, was auch immer und zwischendurch mal ein Schlückchen vom guten Roten. Herrlich gemütlich.

Ja. Nur dass es irgendwann aus war mit der Gemütlichkeit.

Na wer weiß, vielleicht hast du es ja richtig gemacht. Du kannst deinen Körper immerhin auch im Fitnessstudio ruinieren. Vielleicht kommt es am Ende ja auf's Selbe raus? Macht es wirklich einen Unterschied? Wo also ist der Sinn des Lebens? Sollten wir nicht lieber Party machen, als zu schwitzen für zweifelhaften Ruhm und Erfolg?

Ich gehe jetzt übrigens ins Fitnessstudio.

Ja, aber vielleicht inzwischen anders, als du es mit 20 getan hast, oder?

Schon. Aber manchmal frage ich mich trotzdem, was ich da soll.

Du musst ja nicht. Wenn du keinen Bock mehr hast, dann gehst du halt nicht mehr hin. Oder weniger oder dann wieder mehr, aber eben nicht immer gleich. Manchmal hat der Körper einfach keine Lust. Dann würde ich ihn auch nicht zwingen.

Wo bleibt denn da die Selbstdisziplin?

Selbstdisziplin ist schon gut, die Frage ist nur, was du disziplinieren möchtest. Wo lohnt es sich, am Ball zu sein und nicht locker zu lassen, bis sich der Erfolg einstellt?

Ja wo denn?!

Das ist doch bei jedem anders. Gradmesser des Ganzen sollte meiner Ansicht nach tatsächlich dein inneres Wesen sein. Dort lohnt sich Selbstdisziplin. Wenn du die dann überhaupt brauchst.

Was sonst?

Wenn du Wesentliches machst, dann hast du automatisch auch Lust darauf. Oder du bist begeistert. Und dann läuft es im Grunde von alleine. Die Selbstdisziplin brauchst du dann eher, um nicht wieder ins alte Fahrwasser zu kommen.

Warum sollte ich, wenn es gut läuft?

Vielleicht aus moralischen Gründen? Wenn jemand dich anruft, weil er angeblich nicht kann. Du sollst ihm helfen, ihm zuhören, wenn er sein Leid verkündet. Dann lässt du dich vielleicht ködern und ehe du dich versiehst, hat er deine schöne Energie. Und du kannst von vorne anfangen.

Ich glaube, ich wäre hinterher ziemlich sauer.

Mag schon sein. Aber was bringt das? Dann verlierst du noch mehr Energie. Da kannst du nur daraus lernen und das nächste Mal besser aufpassen, wenn jemand auf hilflos tut. Ich glaube, es macht wirklich Sinn, selbst wenn ich mich noch nicht wirklich kenne, anzuerkennen, dass jeder Mensch einzigartig ist. Und es keinen Sinn macht, irgendwelchen Ideen nachzulaufen, die an jeder Ecke zu haben sind. Was alle machen, riecht verdächtig nach vorgeprägter Massenerfahrung. Dann lieber mal in Ruhe nachsinnen, wer ich denn im besten Falle sein könnte, abseits der ausgetretenen Pfade.

Schön wäre es doch, wenn man seine eigene »Blaupause« mal vorgelesen bekommen könnte. Einfach, um mal eine Anfangsidee zu haben. Oder?

Sicher. Das wäre schon fast komfortabel.

Ginge das denn?

Was genau?

Das jemand mein Wesen, also diese Blaupause, »lesen« könnte?

Aber sicher doch. Allerdings nicht viele.

Kannst du das?

Sicher.

Und warum machst du es nicht?

Warum sollte ich?

Na, wenn du jemandem damit helfen könntest, dann wäre das doch sicher ein Grund, oder?

Natürlich. Die Frage ist ja nur, wo ich ihm denn genau helfen könnte. Einfach nur Informationen runterrasseln, finde ich sinnlos. Wir sind ja nicht auf dem Jahrmarkt. Wenn du hingegen ganz spezielle Fragen bezüglich eines Problemes hättest und ein Impuls aus deinem Wesen dir weiterhelfen könnte, dann kann das schon sinnvoll sein.

Ich könnte dich ja mal bei Gelegenheit fragen. Probleme habe ich immer mal wieder ein paar...

Das klingt jetzt schon etwas beliebig. Als ob du Langeweile hättest und unterhalten werden möchtest. Soll ich ein bisschen für dich zaubern?!

Du sagst doch immer, man soll sich auch mal einen Spaß gönnen.

Ich kann mir ja jetzt mal einen Spaß gönnen und etwas über dein Wesen berichten. Nur ein wenig. Ohne größere Konsequenzen.

Aber nicht im Buch.

Wo denn sonst? Sonst ist es ja kein Spaß.

Lieber nicht.

Zu spät! Du hast mich auf eine Idee gebracht.

Ich bin soo doof...

Ein bisschen schon. Oder naiv. Geschäftsmann solltest du vielleicht nicht werden.

Ausgerechnet das war mein Plan!

Würde aber nicht zu deinem Wesen passen.

Schade.

Zoowärter würde passen.

Sehr witzig.

Nein wirklich. Vielleicht nicht genau das, aber etwas mit Tieren könnte ich mir schon vorstellen.

Reicht es nicht, einen Hund zu haben? Wie wäre es stattdessen mit Rennfahrer? Oder Lokführer? Feuerwehrmann?

Mal schauen. In jedem Fall aber bist du jemand, der gerne unterwegs ist, gerne reist und sich in der Welt umschaut. Der allein auf seine eigenen Erfahrungen vertraut, die er gesammelt hat. Du bist also eher forschend unterwegs. Persönlicher Besitz ist dir nicht ganz so wichtig, du kommst sowohl mit viel, als auch wenig Geld zurecht. Beziehungen, die du eingehst, sind immer von einem Freiheitsgedanken geprägt, du lässt dich nicht gerne einengen, verzichtest im Umkehrschluss auch darauf, einem Anderen etwas vorzuschreiben. Im Grunde bist du wie ein Kind, das bestrebt ist, für sich, oder auch für andere einen »Spielplatz« zu finden, auf dem sich alle wohlfühlen und ausdrücken können. Du hast einen Sinn für Schönheit, alles, was ästhetisch ansprechend ist, erregt deine Aufmerksamkeit. Du schaffst gerne Dinge mit den eigenen Händen und freust dich über Ergebnisse, die du selber geschaffen hast. Du bewegst dich gerne, probierst viele Arten sportlicher Betätigung. Die Erfahrung steht im Vordergrund, Leistung isoliert als solche, interessierter dich nicht. In der ersten Lebenshälfte versuchst du so ein Maximum an Erfahrungen in der physischen Welt zu machen, in der zweiten dann diese Erfahrungen zu bündeln, deine Schlüsse daraus zu ziehen, um wiederum etwas Neues zu kreieren. Das kann, wie in diesem Fall, ein Buch sein, dass können aber auch ganz andere Dinge sein, die in der

Zukunft interessant für dich erscheinen. Grundsätzlich bist du ein Einzelgänger, der aber dauerhaft nicht alleine sein möchte. Hast du erst einmal die richtige Partnerin gefunden, dann möchtest du eine intensive Beziehung leben, in der eine gemeinsame Vision geschaffen wird. So mal ganz grob.

Aha.

Teile davon kennst du schon. Allerdings ist das ja auch nur ein Auszug einer Beschreibung. Ich könnte sicherlich noch sehr viel mehr anführen, in Details gehen oder ganz andere Themen ansprechen. Ein Wesen, so wie es kreiert ist bei jedem Menschen, reicht inhaltlich locker für drei Leben. Das, was da hinterlegt ist, kannst du im Grunde nicht in einem Leben »abarbeiten«.

Wie verschwenderisch...

Das göttliche Prinzip ist immer verschwenderisch. Das kannst du alleine am Prinzip der Erde ablesen.

Ich hätte tatsächlich noch eine Frage zu meinem Wesen...

Stopp. Lass das erst mal für sich stehen. Wir kommen noch darauf. Ich werde dich schon noch genug triezen, mir ist es allerdings wichtig, noch ein, zwei Sätze zu diesem »Wesen« im Allgemeinen zu verlieren.

Na schön.

Da ja nun ein jeder, eine jede, mit so einem Wesen herumläuft, mag man sich vielleicht die Frage stellen, warum das Ganze überhaupt. Hast du eine Idee?

Ich denke, wenn die Seele und ich sozusagen beteiligt sind, dann möchte sie das, was da hinterlegt ist, auch erleben.

Ja, schon. Aber warum macht sie mir das dann nicht unmissverständlich klar? Ich meine, wir haben ja bereits festgestellt, dass vieles, was wir tun, gar nicht wesentlich ist. Eher aus der Quelle unserer vergangenen Prägungen stammt. Warum geht die Seele also ein solches Risiko ein? Zu scheitern mit ihrer Absicht? Ich meine, die Folgen sind ja wenig witzig: Ein unzufriedener Mensch ist für sich und andere kaum zu ertragen, er macht alles mies, verbreitet schlechte Laune, entwickelt Krankheiten und ist im Grunde eine Belastung für seine Umwelt. Und da es sich ja eher um ein Massenphänomen handelt, erleben wir Kriege, Nöte, und eine Erde, die am Abgrund zu stehen scheint. Und das alles, weil meine Seele vielleicht nicht aufgepasst hat, es clever zu organisieren?

Vielleicht steht im Kleingedruckten etwas?

Was denn? »Dem Probanden ist vor seiner Abreise auf die Erde noch einmal eindringlich seine Mission klarzumachen!«?

Warum nicht. Aber vermutlich weiß ich da oben noch, worum es geht...

Na eben. Aber du weißt auch, dass du fast nichts mehr weißt, sobald du dich an dieses kleine Körperchen bindest. Es ist somit absehbar, worauf es hinausläuft...

Vielleicht sollte ich dann eine Familie wählen, wenn das überhaupt möglich ist, wo ich gleich mal darauf hingewiesen werde, wer ich bin. Und welche Absicht ich in mir trage.

Du meinst eine, die über dein Kommen informiert ist? Die weiß, wie deine Ideen im Leben aussehen? Die wissen, wer sie selber sind, weil es ihre Eltern schon wussten? Die dich nicht fremdprägen, sondern dich frei entwickeln lassen, dass du nie wirklich den Kontakt zu deinem inneren Gefühl verlierst? Wer du bist und was du hier vorhast? So ungefähr?

Warum denn nicht. Wo muss ich das nächste Mal hin?

Berechtigte Frage.

Aber weiß ich denn, wohin ich gehe? Ich meine, zu welcher Familie?

Ja. Das ist vorher klar.

Kein Irrtum möglich?

Üblicherweise nicht.

Aber dann scheint es doch zu wenig Elternpaare zu geben, die wissen, wer da kommt mit welcher Absicht und so weiter?

Kennst du welche?

Ehrlich gesagt nicht. Also schon welche, die sich über genau dieses Thema Gedanken machen, ich wüsste aber nicht, dass die so detaillierte Informationen zu ihren Sprösslingen haben.

Kurzum: Es gibt tatsächlich welche. Wo zumindest ein Elternteil entsprechende Fähigkeiten hat. Die sind aber wirklich rar gesät. Und natürlich ist es kein Zufall, wer da zu genau solchen Eltern kommt. Aber das ist, ehrlich gesagt, gar nicht der Punkt.

Moment, ich muss nur einmal kurz einhaken: Wie können Eltern denn überhaupt etwas darüber wissen, wer da auf der Anreise ist?

Indem sie offen dafür sind, oder es schlicht und ergreifend lernen, sich für solche Informationen zu öffnen. Aber das ist nichts für dieses Buch. Das wäre eher eine Sache, für das nächste Buch, wo ich solche und andere Zusammenhänge beschreiben könnte. Für's Erste reicht es, wenn du das einfach mal gehört hast.

Mir reicht es zwar nicht, aber du bist ja sowieso unbestechlich.

Das stimmt. Das muss ich bei dir auch sein.

Ich bin umgänglich und fügsam.

Und neigst dazu, dir alles vorkauen zu lassen, anstatt mal selber deinen Grips anzustrengen. Oder mal einfach ein paar Erfahrungen in dieser Hinsicht zu machen. Ich habe dir nicht umsonst aus deinem Wesen zitiert. Da hast du es schwarz auf weiß, wo du stehst. Es gibt jede Menge Luft nach oben und somit Handlungsbedarf.

Du verzettelst dich. Bleibe bitte beim Thema.

Gerne. Warum also dieser dumme »Patzer« bei der Ausgestaltung deiner Erdenreise?

Vielleicht kein Patzer, vielleicht eher Absicht?

Schwer vorstellbar, oder? Bei all dem Leid, was in der Welt herrscht? Würden alle Menschen ihr Wesen leben, dann hätten wir wohl das Paradies auf Erden.

Das wäre bestimmt so. Also wo ist der Fehler?

Scheinbar gibt es da wohl keinen. Zumindest nicht aus der Sicht der Seele. Und somit wohl auch nicht aus der Sicht Gottes, der für all das mutmaßlich verantwortlich ist.

Also, ich muss tatsächlich passen.

Du gibst schon auf? Willst du vielleicht eine Nacht darüber schlafen?

Nein. Ich schlage eher vor, du löst mal auf...

Was würde passieren, wenn jeder von uns wüsste, wo sein individuelles Glück zu finden ist? Wenn wir zu Familien kommen würden, die schon alles über uns wüssten? Die alles vorbereitet hätten, für einen nahtlosen Ablauf und dir sozusagen den roten Teppich ausrollen?

Du meinst so in Richtung Friede, Freude, Eierkuchen?

Wäre das nicht so? Ich meine, das wäre ja mal was: Keine Kriege, jeder ließt dem anderen jeden Wunsch von den Lippen ab, man unterstützt und fördert sich gegenseitig, macht tolle Erfindungen, uneigennützig, für eine beschwingte und liebevolle Gemeinschaft. Alles ist einfach nur...

...schön?

Schön ja, aber vielleicht auch zu schön? Oder vielleicht auch schon fast langweilig? Oder, wenn nicht gerade langweilig, dann aber wenig dynamisch?

Das müsste doch nicht so sein. Ich meine, das alles klang jetzt nicht gerade undynamisch.

Nein, vielleicht nicht. Aber wäre es dann nicht fast genauso, als ob ihr nach wie vor noch in dem liebevollen Umfeld eurer Seele wärt? Nur mit dem Unterschied, dass ihr einen Körper besitzt? Wäre die Erfahrung, die ihr vielleicht machen wollen würdet, so viel anders als da, wo ihr herkommt?

Schon noch anders genug, oder? Ich meine, ich kann mich ja nicht an »da oben« erinnern, aber könnte sicherlich gleichzeitig auf so manche Erfahrung hier verzichten. Im Grunde auf alles, was du aufgezählt hast.

Und warum verzichtest du nicht darauf? Zwingt dich jemand, dumm mit deinen Mitmenschen zu sein? Zwingt dich jemand, einen Beruf zu lernen, der todlangweilig ist?

Natürlich nicht.

Und? Wo ist das Problem?

Was du selber sagtest: Wir alle - was ich ja auch selber nachvollziehen kann - sind geprägt aus unserer Vergangenheit. Habe ich jedenfalls gerade gelernt. Und ist ja auch nicht von der Hand zu weisen.

Na und? Dann hast du es doch durchschaut. Dann dürfte die Sache doch kein größeres Problem mehr darstellen.

Wenn ich das erstmal durchschaut habe, was mich hindert, dann ist es immer noch schwierig. Weil ich nach wie vor ja nicht weiß, wie ich so ticke abseits meiner vergangenen Erfahrungen.

Ist es vielleicht schwierig oder ist es unmöglich?

Schwierig eher. Möglich bestimmt. Auch wenn ich nicht so genau weiß, wie.

Meinst du, du könntest es rausbekommen? Entweder, du forschst selber einmal, oder fragst jemanden, der vielleicht schon den Schlüssel gefunden hat? Es gibt ja schon auch Menschen, die sind nicht todunglücklich und kriechen auf allen Vieren. Im Gegenteil: Die haben Energie ohne Ende und lassen sich durch nichts und niemanden aufhalten.

Die mag es geben.

Aber du bist natürlich keiner davon. Und wirst es nie sein. Die haben nämlich eine Zauberformel in der Hand und rücken sie nicht raus, nicht wahr?

Genauso ist es.

Ja genau. Gut, einige davon geben Seminare, aber das kostet ja Eintritt. Und du willst natürlich nicht, dass die noch mehr Geld bekommen, als sie ohnehin schon haben. Am Ende verarschen die sowieso nur die Leute. Das sind mutmaßlich ohnehin alles Sektenführer, die wollen nicht nur dein Geld, sondern auch deine Seele.

Stimmt das?

Natürlich. Eine ganz schlimme Brut.

Dann kaufst du dir vom gesparten Eintrittsgeld doch lieber ein oder zwei Fläschchen Rotwein und machst dir, bei einem gemütlichen Abend, so deine eigenen Gedanken von dir und der Welt. Und irgendwann schläfst du friedlich ein.

Warum nicht. Ich habe ja einen freien Willen.

Richtig. Du kannst das eine machen, aber auch das andere. Wenn du allerdings etwas machen möchtest, was dir bislang vielleicht fremd ist, was neu für dich ist, was immer das auch sei, dann musst du was aufwenden?

Energie?

Genau. Du musst Energie investieren. Zumindest mehr, als du auf der Couch investieren müsstest. Da brauchst du nur ab und zu auf das Knöpfchen der Fernbedienung drücken, hier und da mal eine Flasche entkorken und eine Pizza in den Ofen schieben.

Mit ein wenig Glück könnte ich das sogar delegieren.

Was ja gut wäre. Dann sparst du noch etwas mehr Energie und kannst am Ende deines Lebens vielleicht noch ein oder zwei dieser wundervollen Abende dranhängen.

Bevor du wieder gehst. Und sage mir nicht, dass das keine Perspektive für dich wäre...

Klingt schon reizvoll. Im Grunde wundere ich mich eigentlich, warum der Mensch überhaupt noch in den Quark kommt. Warum er morgens überhaupt aufsteht. Im Bett ist es – gerade im Winter - doch total kuschelig.

Weil er muss. Er zwingt sich selber. Nicht weil er immer seine Arbeit liebt, eher, weil niemand anderes für ihn arbeiten geht. Oder würdest du für jemanden mitarbeiten, der seine Zeit derweil auf der Couch verbringt? Während du nass und kalt auf der Baustelle stehst?

Nein, eher nicht.

Und da geht es fast allen so. Die habe eben kein volles Konto durch Zauberhand, da müssen die meisten darauf einzahlen. Und natürlich versuchst du dann, wenn du schon musst, etwas zu arbeiten, was dir nicht allzu große Mühe bereitet, bestenfalls sogar Spaß macht. Aber wie haben wir ja von den Generationen vor uns gelernt: Überleben ist wichtig, Spaß ist Luxus. Und Luxus können sich eben nur die wenigsten leisten. Oder bis du etwa mit einem Silberlöffel im Mund geboren?

Nein. Und wenn ja, dann wurde er geklaut. Aber vielleicht doch schon etwas einseitig betrachtet, oder? Ich meine, die Generation von heute achtet schon darauf, dass ihr der Beruf Spaß macht. Würde ich jedenfalls mal behaupten.

Und warum können sie das? Weil die Generationen vor ihnen den Kopf hingehalten haben!

Du redest wie mein Opa. Und noch nicht einmal der hat so etwas gesagt.

Gleichwohl ist da doch etwas Wahres dran, oder?

Zugegeben.

Was aber wirklich dämlich ist, den Menschen, die jetzt auf der Erde leben, ein schlechtes Gewissen machen zu wollen. Zumal die letzten Generationen bekanntermaßen auch Umstände kreiert haben, die zurzeit zum dringlichen Problem werden.

Ein Geben und Nehmen.

Also, deine philosophischen Ansätze solltest du vielleicht besser für dich behalten.

Zu spät. Aber worauf wolltest du denn am Ende hinaus?

Wir haben ja immer noch nicht geklärt, warum das göttliche Prinzip so handelt, wie es handelt.

Weil es will, dass wir uns anstrengen?

Und warum würde es das wollen?

Weil dann natürlich die Erfahrungen intensiver werden.

Du hast ja früher Judo gemacht. Als Kind. Wie oft hast du geflucht, wenn euch eure Eltern zum Training geschickt haben? Wie oft bist du mit blauen Flecken heimgekehrt? Und trotzdem, am Ende des Trainings, wart ihr irgendwie in guter Stimmung. Total fertig und durchgeschwitzt, aber auch glücklich. War es nicht so?

In der Tat. Und manchmal gab es hinterher sogar Pommes.

Warum ist das also so? Warum macht etwas, was sich vorher gar nicht gut anfühlt, hinterher oft glücklich?

Bestimmte Stoffe im Hirn?

Ja schon. Das ist die chemische Seite der Medaille. Aber das beantwortet nicht die Frage.

Keine Ahnung, worauf du hinaus willst?

Der Körper eines Menschen ist so konzipiert, dass bestimmte Prozesse ablaufen, wenn er bestimmte Dinge tut. Wenn er sich in Gefahr begibt, passiert etwas, wenn er sich anstrengt passiert etwas, wenn er erfolgreich Probleme löst, geschieht etwas. Wenn er sich verliebt, passiert etwas und so weiter. Sogar wenn er meditiert, läuft etwas ab. Und zumeist geschieht mehr, wenn der Aufwand ein größerer ist. Wenn du den ganzen Tag auf deiner durchgelegenen Couch liegst, passiert nichts im Körper, eben so wenig im Hirn.

Die Idee scheint dann doch zu sein, dass ich etwas tun muss, um etwas Bestimmtes zu erleben.

Dass du dich auf eine bestimmte Art und Weise fühlst, dich erlebst und wahrnimmst? Scheinbar scheint das dann doch so spannend zu sein, dass Menschen sich die Mühe machen, auf hohe Berge zu klettern, Rennen zu fahren, weite Strecken zu laufen und so weiter.

Und sich fortpflanzen.

Warum wusste ich, dass du das sagen würdest.

Warum hast du es nicht selber erwähnt?

Weil ich dich testen wollte. Also scheint es ja so zu sein, dass die Idee dahinter ist, den Menschen für seine Mühen zu »entlohnen«. Das klärt aber noch nicht endgültig, warum das so ist.

Ach nein? Ist das nicht schon die Antwort?

Nein. Das ist der Prozess. Aber was ist das Ergebnis?

Verstehe ich nicht.

Na schön: Die Idee dahinter ist die, dass all das, was die Menschen da leisten, etwas bewirkt. Was ist das?

Es entsteht Energie?

Exakt.

Dann sind wir nur einfache Energielieferanten? Oder ist »Matrix« kein Film, sondern eine Realdoku?

Wer weiß. Ich denke aber eher nicht. Schließlich fließt die Energie ja zu deiner Seele und nicht zu irgendwelchen Maschinen.

Also kann man sagen, dass Gott sich von uns »ernährt«?

Nein. Das ist nicht richtig. Es gibt ja kein »wir« und kein »er«. Wir sind ja »er«. Oder »sie« oder »es«, je nach Geschmack und persönlichen Vorlieben. Da gibt es keine Trennung.

Außer, dass ich ihn nicht direkt ansprechen kann. Da ist schon eine Trennung.

Das ist eher ein technisches Problem. Im Übrigen hat er, wie schon angedeutet, kein spezielles Interesse an dir.

Jetzt bin ich aber beleidigt.

Du kannst soviel beleidigt sein, wie du willst, daran wird sich deshalb nichts ändern. Im Übrigen ist es aber auch egal. Er hat ja, wie erwähnt, genügend Vertreter, wenn mal der Schuh bei dir drückt.

Das heißt, ich könnte meine Seele ansprechen, wenn ich gerade nicht weiter weiß?

Wenn es nicht gerade darum geht, wie deine nächste Autofarbe auszusehen hat, durchaus.

Also, es sollte schon ein richtiges Problem sein?

Es muss nicht zwingend ein Problem sein, es könnte auch sein, dass du vielleicht einmal Entscheidungsnot hast, nicht weißt, welchen Weg du gehen sollst. Dann wäre die Ansprache an deine Seele vielleicht eine Möglichkeit, eine Lösung zu finden. Im Übrigen ist es ja das, was Menschen in Kirchen, zuhause vor dem Schlafengehen oder auch sonst zu beliebigen Zeiten machen: Sie beten.

Dann wäre ein Gebet eine Bitte an meine Seele? Und übrigens: Entscheidungsnot würde für mich auch klar unter »Problem« laufen...

Also das Gebet geht entweder an deine Seele oder an andere »Institutionen«. Es gibt ja viele Menschen, die zu Engeln oder Heiligen beten. Oder in anderen Kultur- und Glaubenskreisen noch andere »Stellen«, an die sie ihre Gebete richten.

Aber gibt es denn überhaupt Engel?

Warum denn nicht?

Weil es nicht bewiesen ist?

Du meinst von der Wissenschaft?

Beispielsweise.

Nun, die Wissenschaft forscht aktuell an vielen Din-
gen, ich wüsste allerdings nicht, ob sie derzeit auch zu
Engeln forschen.

Ich auch nicht.

Na, vielleicht tun sie das ja schlicht und ergreifend nicht.
Oder nicht offiziell. Im Übrigen dürfte die Existenz von
Geistwesen auch nicht mal so eben nachweisbar sein.
Also messtechnisch belegt. Das mag ja noch kommen,
aber bis dahin muss der Mensch seine eigene Messtech-
nik in Schwung bringen, wenn er es denn genau wissen
will.

Und wie?

Der Mensch hat dafür eine Fähigkeit mit auf den Weg
bekommen, die wir »Wahrnehmung« nennen. Und die
Wahrnehmung wiederum entspringt unserem Bewusst-
sein. Damit können wir im Grunde alles machen, was uns

gefällt. Wir können einen Kinofilm schauen, aber - wenn wir wollen - auch selber einen entwerfen. Und natürlich noch sehr viel mehr. Gerade was uns in den Sinn kommt.

Was wollen die meisten Menschen?

Das, was sie kennen.

Und das, was sie kennen, ist nicht von ihnen selbst.

Das Meiste nicht. Das Meiste ist vorgelebt von anderen. Welche Berufe kennst du?

So einige. Warum?

Es gibt tausende von Berufen. Und bestimmt an die hundert, die für dich passen könnten. Und was lernst du? Maurer. Polizist. Wie langweilig.

Ist mir mittlerweile auch klar.

Oder kreier doch einen neuen Beruf. Etwas, was nur für dich passend ist. Abseits der eingetretenen Pfade.

Dafür müsste ich wissen, was passend sein könnte. Ich fürchte, wir drehen uns im Kreis.

»Du« drehst dich im Kreis. Weil du ihn nicht durchbrichst. Oder aus dem Kreis austrittst. Oder aufhörst, im Kreis zu laufen.

Ja, Herr Oberlehrmeister. Dann sage mir doch mal konkret, was ich tun kann.

Du trittst dann aus deinem Kreis aus, wenn du einen Neuen betrittst. Demnach müsstest du etwas tun, was du vorher noch nie getan hast, genauer gesagt, von dem du noch nicht geprägt bist. Etwas bislang für dich wertfreies.

Das hattest du schon erwähnt. Ist das denn dein Plan? Das Allheilmittel auf meinem Weg, wesentlich zu werden?

Es wäre ein Anfang.

Das war nicht meine Frage. Ist das der einzige Weg? Etwas Neues zu machen? Und was kommt dann, wenn ich das gemacht habe? Und wie oft müsste ich das tun? Und wo ist schließlich meine Belohnung?

Hast du Fragedurchfall? Und bist du damit jetzt fertig?

Für's Erste ja.

Schön. Dann atmen wir vielleicht einmal tief durch und entspannen uns...

Ich muss mich nicht entspannen. Ich will Ergebnisse sehen!

Natürlich. Ergebnisse und Antworten werden schon kommen. Aber dies ist ja keine Quizsendung. Hier geht es nicht um eine korrekte Antwort, weil es die möglicherweise gar nicht gibt. Vielleicht gibt es eher eine Summe an Möglichkeiten und mehr als einen Weg, um dorthin zu gelangen. Was willst du denn überhaupt erreichen?

Wie meinst du das? Ich dachte, der Fall wäre klar.

Du willst »wesentlich« werden. Stimmt das?

Natürlich. Ich meine, es war ja eigentlich deine Idee. Du hast doch gesagt, dass wir ein »Wesen« haben. Und das wir, wenn wir danach leben, glücklich sind. Also?

Willst du dort hin...

Logisch.

Und du denkst, wenn du hier Zahlen, Daten, Fakten sammelst, reicht das?

Zumindest muss ich doch erst einmal eine Idee haben. Also wenn ich weiß, worum es geht, dann mache ich mir einen Plan und ziehe ich den anschließend durch. Fertig.

Und dann haben wir einen glücklichen, zufriedenen Stephan. Sehr schön.

Etwa nicht?

Doch, ich denke schon. Aber ab wann hast du denn vor, glücklich zu sein?

Na, spätestens, wenn ich wesentlich geworden bin. Was für eine Frage.

Und warum nicht jetzt schon?

Was meinst du? Ich meine, du hast es doch selber gesagt: Wenn wir nicht unserem Wesen entsprechend leben, können wir nicht glücklich werden. Mal einfach formuliert. Mach mich bitte jetzt nicht irre mit deiner Fragerei!

Schön ruhig bleiben. Im Übrigen bist du doch gerade auf dem besten Weg, irre zu werden. Und zwar grundlos.

Weil du ständig die Fakten verdrehst. Oder neue hinzufügst, oder mit deinen Fragen Unsicherheit streust.

Das stimmt. Und es tut mir auch ein wenig leid, dass ich das so mache. Aber merkst du denn nicht, wie viel Verzweiflung hinter all dem steht? Angeblich nicht das richtige Leben zu führen?

Doch. Schon.

Und nicht umsonst hast du eben angefangen zu weinen.

Nur weil ich endlich einmal leben will!

Ja. Natürlich.

Und ich das Gefühl habe, noch immer vom Leben getrennt zu sein. Und ich den Schlüssel nicht habe!

Ich verstehe schon. Aber das wird kommen. Versprochen. Wichtig ist aber nicht, möglichst schnell dort zu landen, sondern dich einfach auf den Weg zu machen. Möglichst nicht so verkniffen und ernst, wie du gerade. Ich weiß ja, dass du Druck hast, aber es wäre tatsächlich geschickter, das Ganze entspannt anzugehen. Zwar konsequent, aber eben entspannt. Kannst du da was mit anfangen?

Ja. Kann ich.

Schön. Das ist doch mal ein Anfang. Ein natürlicher Anfang. Und dann machen wir in Ruhe weiter.

Gut.

Bei allem, was dich zurzeit beschäftigt, bei allem, was dich vielleicht quält, darfst du eines nicht vergessen: Du bist und bleibst das, was du bist: Ein Teil deiner Seele. Und damit hast du alle Möglichkeiten, die deine Seele auch hat. Und zwar nicht nur theoretisch, sondern auch

rein praktisch. Jedenfalls dann, wenn du diese Möglich-
keiten für dich erschließen möchtest. Wenn nicht, dann
ist das auch in Ordnung, dann bleibe, was du bist.

Was wäre das?

Eben ein Teil deiner Seele. Allerdings ein Teil, der sich
nie bewusst sein wird, welche Möglichkeiten er hat oder
hatte. Und dann wirst du irgendwann als dieser Teil
wieder in deine Seele integriert.

Wann?

Halt zu gegebener Zeit.

Du meinst, wenn wir sterben.

Ich sage lieber: Wenn wir unseren Körper abwerfen.

Tod ist Tod.

Das siehst du vielleicht jetzt so. Aber es gibt eben zwei
Arten zu sterben. Eine Bewusste und eine Unbewusste.
Und welche du wählst, ist eben offen. Zumindest so
lange, wie es offen sein kann.

Wann ist es denn nicht mehr offen?

Wenn du alle Energie verpulvert hast, die dir für deinen
Weg mitgegeben wurde.

Den Weg des Todes?

Natürlich nicht. Den Weg deines Lebens hier auf der Erde.

Du meinst, wir haben ein bestimmtes Kontingent an Energie für unser Leben mitbekommen?

Das meine ich nicht nur, das ist so.

Also wurden wir sozusagen aufgeladen?

Ja, so ungefähr. Im Grunde etwas wie eine Batterie. Das klingt vielleicht jetzt etwas komisch, aber das trifft es eigentlich ganz gut.

Dann müssten wir aber alle gleichzeitig unsere Energie aufgebraucht haben.

Du meinst, dass alle gleichzeitig umfallen? Nein. Das ist offensichtlich nicht so und das ist auch begründbar. Du bekommst, wenn du hier her kommst, tatsächlich eine bestimmte Menge an Energie mit. Nicht immer gleich viel, das hängt ein wenig davon ab, was du hier erleben willst. Wenn du vielleicht in besonders prekäre Verhält-nisse hineingeboren wirst, deine Sehnsucht aber ist, ge-nau daraus auszubrechen und etwas Bedeutendes auf die Beine zu stellen, dann brauchst du vielleicht etwas mehr Energie, als jemand, der es nicht ganz so schwer hat für seinen Start. Aber wie auch immer der Einzelfall gestaltet ist, du hast erst einmal Energie und kannst so mal eine ganze Zeit kompensieren und dich durchschlagen.

Aber wenn ich mal so rumschaue, dann stelle ich fest, dass es schon Kinder gibt, die sterben, dass manche es kaum bis 20 schaffen und schon fertig sind. Haben die schon alle Energie verbraucht? Und wie lange hält denn im Schnitt eine solche Energiebatterie?

Gibt es noch weitere Fragen im Plenum?

Aber doch nachvollziehbar, oder?

Aber natürlich. Ich hätte mich gewundert, hättest du nicht gefragt.

Gibt es denn eine oder mehrere Antworten?

Antworten gibt es immer. Schlimmstenfalls beantwortet mit: »Keine Ahnung.«

Das habe ich von dir noch nie gehört.

Das liegt daran, dass du nicht intelligent genug fragst.

Ja, ist ja gut. Also, sag mal was. Es interessiert mich brennend.

Weil du wissen möchtest, wann der Vogel von der Stange fällt?

Nein, ich denke, ich habe noch Zeit. Aber das hat noch niemand zum Thema gemacht. Das klingt schon etwas verrückt.

Daran ist nichts verrückt. Und dass du dich lieber mit den Wochenendergebnissen der Bundesliga beschäftigst, dafür kann ich ja nichts.

Aber darüber habe ich tatsächlich noch nichts gelesen.

Wie viele spirituelle Bücher hast du bis jetzt gelesen? Und die noch nicht einmal ganz?

Nicht viele.

Fast überhaupt keine. Woher willst du wissen, was irgendwo steht oder auch nicht steht? Außerdem ist das völlig irrelevant. Wenn du ein Fußballspiel schaust und anschließend zehn Leute fragst, wie ihr Eindruck war, dann bekommst du genau zehn, teils weit abweichende Antworten. Du denkst, jeder von denen hat ein anderes Spiel gesehen. Das ist eine Folge der differenzierten Wahrnehmung.

Manche sehen tatsächlich nur die Bierbude.

Solche Zeiten hat es bei dir auch mal gegeben. Inzwischen natürlich nicht mehr. Du bist ja jetzt landauf, landab, bekannt als der »Taktikfuchs«...

Du erzählst manchmal einen solchen Mist, da fehlen mir die Worte.

Siehst du. Und schon wieder nimmst du alles zu ernst. Du fällst immer wieder darauf herein.

Scheinbar. Am besten, ich gebe auf.

Kennst du die Bücher von Castaneda?

Was soll die Frage?! Natürlich.

Das gleiche Prinzip: Wenn du immer im Verstand bleibst, kannst du zwar Reichtümer sammeln in physischer Form, Geld, Boote, Frauen und so weiter, aber du wirst niemals die Grenzen deines Bewusstseins erreichen. Und im Zweifel darüber hinaus gehen können. Und das ist mehr als schade. Nicht nur für dich, für jeden Menschen.

Willst du ein jedermann in den Wahnsinn treiben?!

Nein. Nur dich.

Sehr witzig.

Auf was ich eigentlich hinaus wollte: Ja, du kannst mit dem, was du von anderen gelernt hast, überleben. Aber wenn du leben willst, dann musst du dir eigene Gedanken machen, wie es gehen kann. Es geht nicht um

Sicherheit im Leben. Sicherheit ist einfach zu haben.
Du brauchst nur Energie gegen Unfreiheit tauschen.
Dann hast du sie.

Na bitte.

Weißt du aber, was das Dumme an der Sache mit der
»Sicherheit« ist?

Du wirst es mir sicherlich gleich sagen.

Das es nie »sicher« genug sein kann! Also, falls Sicher-
heit interessant für dich sein sollte, dann verschaffst
du dir am besten erst einmal einen sicheren Job. Was
könnte sicherer sein, als bei dem angestellt zu sein, der
im Zweifel als Letzter untergeht?

Der Staat?

Der Staat. Und am besten gleich einmal dort, wo kein
Publikumsverkehr herrscht. Wo man sich nicht um
Kopf und Kragen reden kann, wenn man mal einen
schlechten Tag hat. Also irgendeine abseitige Schreib-
stube, am besten ohne Fenster. Es könnte jemand sehen,
dass du einnickst während deiner Arbeit. Das wiederum
könnte eine gefährlichen Abmahnung zur Folge haben.
Oder wie das bei Beamten heißt. Als nächstes legst du
dir eine Frau zu. Am besten eine, die du über das Inter-
net kennenlernst, die froh ist, überhaupt jemanden zu
haben, der sich um sie kümmert. Da hast du alle Fäden

in der Hand, die wird dir nicht entwischen. Auch wenn es keine Liebe ist, sie schmiert dir zuverlässig dein Käsebrot, während du vor der Sportschau sitzt. Und dann sorgst du dafür...

...hör bitte auf, ich muss gleich kotzen.

Was mich nicht weiter wundert. Ich hoffe, ich rufe nicht zu sehr die Geister wach, die du schon glaubtest, erfolgreich verdrängt zu haben?

Nein. Mach dir mal keine Gedanken. Da passiert bei mir tatsächlich kaum noch etwas. Allerdings weiß ich, wie sich das anfühlt. Aber es packt mich nicht mehr...

Sonst hätte ich es auch nicht erwähnt. Ich finde es aber trotzdem enorm wertvoll. Schließlich ist das ein Teil deiner Vergangenheit und du hast sie überwunden. Aber auch das war schließlich nicht umsonst zu haben.

Wenn ich das wüsste, was ich heute weiß, hätte ich vielleicht eine Abkürzung nehmen können.

Das sagen sich ja viele: Wäre ich nur nicht so blöd gewesen! Meine Frau, mein Mann, dann immer die Streitereien, das Geld, der beschissene Chef und meine Freundin, die mich angelogen hat...

Ich hätte noch ein paar Beispiele...

*Das Drama unseres Lebens sieht in der Rückschau aus,
wie ein schlechter Film. Und wir schütteln oft genug
den Kopf darüber. Über was wir uns damals aufgeregt
haben und welche schönen Momente uns dadurch wohl
entgangen sind.*

Das stimmt.

*Wir beiden haben ja schon oft darüber gesprochen.
Als du noch in der Beziehung mit deiner zweiten Frau
warst, gab es ja häufig Unstimmigkeiten, wenn ich das
mal so ausdrücken darf. Es geht nicht um Schuldzu-
weisungen, du hattest ja einen kräftigen Anteil daran.
Aber heute musst du sicherlich öfter daran denken, dass
du dadurch das Heranwachsen deiner beiden Kinder
gar nicht richtig wahrgenommen hast. Einfach über-
schattet von negativen Gefühlen, die du nicht unter
Kontrolle hattest.*

Das ist richtig.

*Und obwohl dich deine Frau auf viele schöne Momente
hingewiesen hatte, die mutmaßlich nie wiederkehren,
warst du nicht in der Lage, das aufzunehmen und zu
genießen. Dich darüber zu freuen. Auch nur einen Augenblick lang. Du hast zwar funktioniert, aber du warst
nicht dabei. Ein »Geist« in der Familie.*

Das war so. Das stimmt.

Und heute sprechen wir von unserem Wesen, von einem erfüllten Leben und von der Möglichkeit, da einzuhaken, es zu aktivieren. Nur: Du kannst das Ganze nicht im Kopf abwickeln. Das geht nicht, weil es nicht funktioniert.

Ich weiß das. Aber ich habe das Gefühl, ich tue mich so unendlich schwer damit.

Weißt du, was dir eigentlich fehlt?

Bitte was denn?

Eine Partnerin.

Eine Frau?!

Huch ja. Eine Frau? Mutmaßlich. Oder bist du inzwischen gleichgeschlechtlich unterwegs?

Eher nicht. Aber wieso kommst du jetzt darauf?

Fragt der Mann im Kopf...

Nein, wirklich. Wieso?

Ist das denn so überraschend? Ich meine, du bist schon einige Zeit getrennt, hast inzwischen Abstand gewonnen und schreibst gerade ein Buch. Wäre da nicht vielleicht Platz für eine Partnerin?

Vielleicht.

Herrjemine! »Vielleicht!«? Wie lange willst du denn noch warten?

Ich habe nicht das Gefühl, dass ich warte.

Natürlich nicht. Weil keines da ist.

Was ist nicht da?

Ein Gefühl!

Ich weiß nicht, was ich sagen soll....

Weil du es nicht für relevant hältst, überhaupt irgendetwas zu fühlen.

Das empfinde ich so nicht.

Das kannst du auch gar nicht, weil das, was dir möglicherweise weiterhelfen würde, gar nicht an deinem Horizont ist.

Was meinst du genau?

Wenn jemand in Unfreiheit geboren ist und keine Verbindung zu etwas Freiem hat, dann fehlt dem auch nichts. Zumindest nicht auf den ersten Blick. Wenn alle um dich herum Sklaven wären und selbst die, denen sie dienen würden ebenfalls Sklaven wären, dann wüsstest du gar nicht, was Freiheit überhaupt ist. Wenn du keine Autos kennst, fehlen sie dir dann?

Verstehe schon. Aber nun ist es bei mir ja nicht so, dass ich nicht wüsste, was »Gefühle« sind.

Den Begriff kennst du. Sicherlich auch einige Gefühle. Aber erstens legst du keinen besonderen Wert auf sie, was mich auch nicht verwundert, wenn ich mal so in deine Gefühlswelt schaue, und zweitens kämest du nicht auf die Idee, sie aktiv einzusetzen, um beispielsweise dein Leben zu bereichern. Geschweige denn, es damit aktiv zu gestalten. Oder?

Zugegeben liegt die Priorität eher auf meinem Verstand. Das kann schon so sein.

Das ist sehr sicher so. Und wenn du zufällig mal ein Gefühl aufschnappst, es sich in dir breitmacht, vielleicht ausnahmsweise sogar mal ein Schönes, dann ist das nicht lange anhaltend und sehr flüchtig. Geschweige denn, du beabsichtigst, dieses Gefühl noch einmal zu fühlen, und schaust dich nach Möglichkeiten um, um es erneut hervorzurufen. Oder?

Das könnte schon so sein.

Hat deine Platte einen Sprung?!

Was soll ich denn sagen? Ich habe mich ehrlicherweise noch nicht wirklich mit dem Thema auseinandergesetzt.

Warum nicht?!

Gegenfrage: Warum sollte ich?!

Weil du sonst dein Leben nicht im Griff hast! Geschweige denn, dass du es steuern kannst. Oder hast du daran etwa kein Interesse?

Natürlich. Aber warum erwähnst du das so explizit im Zusammenhang mit den Gefühlen?

Wer sollte sonst dein Leben steuern?

Wie meinst du das?

Wer oder was glaubst du, ist dafür verantwortlich, dass dein Leben so läuft, wie es läuft?

Das ist eine gute Frage. Bestimmt sind viele Dinge dafür verantwortlich. Also ich selber sicherlich, dann die Umstände, andere Menschen, vielleicht Glück oder Pech, der liebe Gott? Was weiß ich?!

Genau. Scheinbar weißt du so gut wie gar nichts. Oder du ergehst dich in Vermutungen, die aber keine Konsequenzen deinerseits nach sich ziehen. Gerade heraus gesagt: Es interessiert dich nicht!

Das stimmt nicht.

*Aber wenn dich was interessiert, würdest du dich auch
kümmern, oder? Etwas darüber in Erfahrung bringen.*

An sich schon.

Aber?

Keine Zeit.

*Natürlich nicht. Ich kenne aktuell niemanden, der mehr
Zeit hat, als du.*

Das ist doch Unsinn.

*Nur weil du den Tag mit irgendwelchem unnützen Plun-
der füllst? Dem Einen einen Gefallen tust, hier was reparierst, dann noch ein paar Überweisungen, mit dem
Hund gehen und huch: Ist der Tag schon wieder vorbei?
Wie doch die Zeit vergeht...*

Ist ja auch so.

Sie verfliegt, weil du dein Leben nicht im Griff hast.

Du übertreibst.

*Ja vielleicht. Aber ich lege ja auch »meinen« Maßstab
an, nicht den deinigen. Dann könntest du sicherlich in*

Ruhe so weitermachen und niemand würde Verdacht schöpfen. Außer der Tatsache, dass du immer unzufriedener wirst, weil dir die Zeit zwischen den Fingern zerrinnt. Und nach Unzufriedenheit kommt Panik. Nämlich dann, wenn du merkst, es geht dem Ende zu und du nicht weißt, wie du die Fahrt aufhalten kannst. Üble Sache mein Freund.

Du malst ganz schön schwarz.

Ich zeichne ein Bild deiner Realität! Ich kann nämlich eins und eins zusammenzählen. In dieser Realität, die ihr euer Leben nennt, bleibt keine Tat ohne Folgen. Nicht alles wird sofort sichtbar. Aber irgendwann schon. Zeitversetzt, wenn du so willst. Und damit, bevor du schnell noch eine unsinnige Frage stellen kannst, nähern wir uns langsam, aber sicher dem Kern dieses Buches.

Das Träumen?

»Das Träumen« dem Titel zufolge ist der Traum Gottes. Und den könnt ihr nicht träumen. Allerdings habt ihr die Fähigkeit, im Prinzip das Gleiche zu tun, nur zwei Nummern kleiner. Für euch wäre das aber auch mehr als ausreichend. Zumindest für den Anfang.

Willst du es spannend machen?

Nein. Ich schicke lediglich ein paar klärende Worte voraus.

Und was können wir als Menschen konkret unternehmen?

Bevor ich das sage, möchte ich noch etwas klarstellen, speziell auch für dich, damit du dir endlich einmal selber helfen kannst. Und ich dir nicht ständig auf den Wecker gehen muss.

Was ja schön wäre.

Für mich auch. Im Übrigen bin ich ja bereit, zu erklären, darzustellen, zu erläutern und zu beschreiben. Wenn es nötig ist, seitenweise. Ansonsten aber bevorzuge ich es, mich kurzzufassen.

Wenn das mal auch für meine Person gelten würde...

Ich könnte über dich noch viel mehr sagen. Allerdings ist nicht alles interessant. Zumindest nicht für andere. Ich halte mich oft genug schon zurück, glaube mir.

Dann darf ich jetzt wohl dankbar sein, für so viel Nachsicht.

Natürlich. Aber lenke nicht schon wieder vom Thema ab. Ich finde es nämlich wichtig zu erklären, wie Wirklichkeit, zumindest hier auf der Erde, entsteht.

Sagtest du nicht unlängst, ein jeder hätte seine eigene Wirklichkeit?

Das ist so.

Aber es gibt eine zusammenfassende »Wirklichkeit« für alle?

Es gibt Wirkprinzipien, die für alle gelten. Ja.

Mehrere?

Sicher. Hast du es denn nicht schon einmal erlebt, dass du etwas häufiger erlebst, obwohl du es gar nicht erleben willst?

Sicher. Bei fast jedem Spiel von Schalke.

Und woran liegt das deiner Meinung nach?

Falsche Prägung. Mein Vater hat mich bereits in jungen Jahren dahin verschleppt.

Das meine ich nicht. Hast du nicht mal überlegt, dir einen anderen Verein zu suchen?

Ehrlich gesagt nein.

Warum?

Weiß ich nicht. Darüber habe ich mir nie Gedanken gemacht.

Und wie bist du rein praktisch damit umgegangen? Hast du dich jedes Wochenende gequält, wenn es wieder mal in die Hose gegangen ist? Wenn Walter Junghans kurz vor Schluss eine Flanke unterlief und der schon sicher geglaubte Punkt sich in Luft auflöste?

Walter Junghans war ein feiner Kerl.

Danach habe ich nicht gefragt.

Ich habe dann tatsächlich bis zum nächsten Wochenende gelitten.

Reichlich dämlich, findest du nicht?

Neutral betrachtet schon. Aber was willst du mir damit sagen?

Du hast dich gequält, obwohl du die freie Entscheidung hattest, das nicht zu tun.

Ich habe mich damals nicht frei gefühlt. Es war für mich keine Frage, da nicht mehr hinzugehen. Das war wie ein Zwang.

Na schön. Aber du würdest aus heutiger Sicht doch sicherlich sagen können, dass du die freie Entscheidung hattest. Oder nicht? So weit ich weiß, hat dich schließlich niemand dazu gezwungen.

Das stimmt.

Du hättest es lassen können, hast es aber nicht. Es war nicht zwingend.

Richtig.

Schön. Nun ist das ja vielleicht ein ganz amüsantes Beispiel und war real nicht imstande, dein ganzes Leben über den Haufen zu werfen. Zumindest nicht in deinem Fall. Was aber, wenn du in anderen Bereichen ähnlich gehandelt hättest? Beim Thema Partnerschaft, beim Thema Beruf oder auch beim Thema Gesundheit? Wo die Auswirkungen deines Handelns ganz andere sind.

Dann würde ich dort wohl auch anders handeln.

Ach ja?

Denkst du nicht?

Du könntest dir diese Frage im Grunde selber beantworten. Aber in dem Fall tue ich es einfach mal für dich: Nein, du würdest nicht anderes handeln. Selbst wenn du sehen würdest, dass es dir nicht guttut. Was auch immer das gerade sei. Du hältst dich gern an Dingen fest, die da sind. Und da ist es erstmal zweitrangig, was das gerade ist und was es mit dir macht.

Mag sogar sein.

Das ist so. Aber das geht ja nicht nur dir alleine so. Das ist ein Handlungsmuster, was sehr viele Menschen in sich tragen.

Und warum ist man häufig so dumm?

Das kann viele Gründe haben. Moralische, ethische, deine gespielte Rolle...

Was könnte das jetzt beispielsweise sein?

Du kennst doch den »Barmherzigen Samariter«?

Habe ich von gehört.

Wenn du nicht weißt, was du mit deinem Leben anfangen sollst, dann widmst du es vielleicht anderen. Du hilfst ihnen, wenn sie Hilfe brauchen, mal in der Bredouille stecken, nicht mehr weiter wissen und so weiter...

Das wäre doch nichts Schlechtes oder? Ich meine, es gibt ja auch viele helfende Berufe.

Ich spreche von Menschen, die das ungefragt tun. Oder, die sogar andere Menschen absichtlich versklaven, damit sie ihnen anschließend helfen und die Heldenrolle übernehmen können. Nicht weil es zu ihnen passt, ihrem Wesen nach, sondern weil sie sich davon eine künstliche Wichtigkeit erhoffen, mit der sie am Ende

aber trotzdem nicht glücklich sind. Spätestens dann,
wenn sie keine Energie mehr haben.

Oder sterben?

Das kommt auf's Gleiche raus. Gut, dann immerhin
werden sie gewahr werden, was sie da getrieben haben.

Du meinst, nach dem Tod hast du den Durchblick?

Nach dem Tod beginnst du, den Durchblick zu bekom-
men. Der ist nicht sofort da, das entwickelt sich. Aber
da möchte ich gar nicht hin. Schließlich sind wir ja unter
den Lebenden, also mit Körper und Geist vereint. Und
irgendwie wäre es doch sinnvoll, uns selbst beizeiten zu
durchschauen, bevor wir unseren Körper abwerfen, oder?

Von mir aus sehr gerne. Ich habe noch lange nicht vor,
meinen Körper abzuwerfen.

Das sagst du jetzt so selbstverständlich. Das war aber
auch schon mal anders.

Was genau?

Na deine Grundstimmung zum Thema: »Körper abwer-
fen«.

Ja vielleicht. Aber auch wiederum nicht so wirklich.
Vielleicht eher die Tatsache, nicht zu wissen, wie es wei-

tergeht. Und ob überhaupt. Aber das ist ja schon ein Weilchen her.

Das mag sein. Und das Einzige, was interessant an der Sache ist, ist dass man letztlich doch zügig und unerwartet in diese Gefilde kommen kann. Gerade ist die Welt noch in Ordnung, im nächsten Moment gar nicht mehr. Und da muss, neutral betrachtet, vielleicht gar nicht so viel passieren. Ein Partner, der sich überraschend verabschiedet, weil er anderweitige Pläne hat, die Kündigung deines gut bezahlten Jobs, einen Tag nachdem du den Kreditvertrag für euer Haus unterschrieben hast. Alles keine Dinge, die lebensgefährlich sind und bei genauerer Betrachtung sogar ein Segen sein können. Aber diesen Blick hast du in diesem Moment einfach nicht.

Warum eigentlich nicht?

Weil du mit diesen Dingen verwickelt bist. Deshalb hältst du dich so gerne, oder besser gesagt, zwanghaft an ihnen fest.

Was meinst du mit »verwickelt«?

Ich will damit sagen, dass du in deinem Leben Bindungen eingehst, mit Menschen oder Situationen, in denen du nicht frei bist.

Warum nicht frei?

Vielleicht weil du mit ihnen in eine Schuld gerätst. Oder weil du glaubst, dass du genau diese Dinge brauchst, genau diesen Menschen als Partner, um glücklich zu sein.

Kannst du vielleicht mal ein Beispiel geben?

Sicher.

Machst du es auch?

Natürlich. Wenn du dich beispielsweise in eine Frau verliebst, oder in einen Mann, oder, oder, oder, dann denkst du für diesen Augenblick, dass nur dieser Mensch für dich eine Relevanz hat in deinem Leben. Und dass du ihn brauchst. Die Frage wäre nur, für was brauchst du diesen Menschen?

Damit ich glücklich bin, wie du schon sagtest.

Ja, aber wodurch entsteht »Glück«?

Eine gute Frage.

Glück entsteht dann, wenn Sehnsüchte erfüllt werden. Woher kommen Sehnsüchte? Aus deinem Wesen. Sie sind da hinterlegt. Wenn du also auf etwas gestoßen bist, was dich in Resonanz mit deinem Wesen bringt, würdest du sicher alles dafür tun, diesen Zustand zu erhalten. Oder?

Sicher.

Und wie wichtig, denkst du, ist in dieser Sache beispielsweise dein Partner?

Sehr wichtig. Also er ist ja sozusagen der Schlüssel zu meinem Glück.

Das habe ich mir gedacht. Reingefallen würde ich sagen.

Wieso?

Dein Partner ist hierbei völlig unwichtig. Er stößt den Prozess zwar an, aber er ist nicht derjenige, der dich glücklich macht.

Aber ohne Partner kein Prozess, oder?

Richtig. Aber muss es genau »der« sein? Oder ist auch jeder andere recht, der das Gleiche in dir auslöst?

Am Ende ist es wahrscheinlich egal. Hauptsache er löst es aus, oder?

Es ist nicht »wahrscheinlich« egal, es ist in jedem Fall egal. Es geht nicht um eine spezifische Person. Es geht um überhaupt eine Person. Sie muss nur geeignet sein, das in dir auszulösen, was du empfinden, fühlen und erleben möchtest.

Verstehe.

Sind Partner demnach austauschbar?

Demnach schon.

Ich denke auch. Partner sind zu allen Zeiten, an allen Orten und unter allen Umständen austauschbar. Solange du »Ersatz« für sie hast. Oder im Extremfall fähig bist, das, was dir ein Partner geben kann, auch ohne ihn zu empfinden. Das allerdings ist dann schon hohe Kunst.

Kann ich mir nicht vorstellen.

Du kannst dir ja noch nicht einmal vorstellen, überhaupt einen zu bekommen.

Du übertreibst.

Wie wichtig ist also ein Partner?

Eher unwichtig?

Nein. Ist er nicht. Allerdings ist die Formel: »Dieser Partner ist für mein Glück verantwortlich« höchst zweifelhaft. Dann bist du wieder passiv und in der Opferposition. Wir erinnern uns. Aber wir könnten es auch unter einem anderen Aspekt verstehen und einordnen...

Was wäre das?

Ein Partner ist entweder eine »Bereicherung« oder eine
»Belastung«.

Wann wird denn ein Partner zu einer Belastung? Eine
blöde Frage, ich weiß, aber gibt es da eine bestimmte
Linie?

Die gibt es ganz klar und die Frage ist alles andere als
blöd. Die Linie ist exakt dort, wo du nachhaltig Energie
an deinen Partner verlierst.

Aber das ist doch gar nicht so leicht zu bestimmen,
oder? Wenn er, beispielsweise, mal krank ist?

Schon klar. Dann ist es ja keine Frage, dass du dich
um ihn kümmerst. Zumindest wenn er dies wünscht.
Manche Kranke schließen auch einfach die Tür hinter
sich zu und kommen nach einer Woche gesundet wieder
zum Vorschein. Es geht nur darum: Wann verlierst du
Energie?

Wenn ich nicht das mache, was ich gerne machen möchte?

Schon mal gut. Oder wenn ich über eine gewisse Zeit
etwas mache, was ich nicht machen möchte. Nötigt
mich mein Partner zum Beispiel zu Dingen, die ich nicht
machen möchte, dann verliere ich Energie. Beispiels-

weise könnte es sein, dass mein Mann gerne umsorgt werden möchte. Möglicherweise hat er in seiner Vergangenheit nie erfahren, dass sich liebevoll um ihn gekümmert wurde. Jetzt will er das nachträglich erleben, vergisst aber dabei, dass er kein Baby oder Kleinkind mehr ist. Er macht jetzt dir gegenüber auf unbeholfen, führt sich im Prinzip auf, wie ein kleines Kind. Außerhalb des Hauses mag er der große Zampano sein, aber hier, im verschwiegenem, häuslichen Rahmen, spielt er auf hilflos. Er nötigt dir im Grunde eine Rolle auf, die du im Zweifel gar nicht spielen willst. Welche wäre das in diesem Beispiel?

Die Rolle der »Mutter«?

Natürlich. Jetzt mag es aber sein, dass ihr selber noch Kinder habt. Zu was wird der Papa dann gegenüber seinen eigenen Kindern?

Zu einem Bruder.

Richtig. Womit Stress vorprogrammiert ist. Die Kinder haben keinen Papa mehr, aber ein Geschwisterlein, das keines ist. Heilloses Chaos. Die Mutter ist alleinerziehend ohne Partner. Und hat womöglich Skrupel, sich einen neuen Partner zu suchen, wenn der eigentliche noch zuhause auf der Couch liegt. Und das kostet nicht nur der Mutter Energie, sondern der ganzen Familie. Das wäre mal ein Beispiel von Verwicklung, es gibt aber unendlich viele mehr.

Aber schon ein krasses Beispiel.

Nein, gar nicht. Das kommt viel häufiger vor, als du glaubst. Nur läuft vieles einfach unterbewusst ab und wenn du sowieso Mama bist, fällt es dir vielleicht gar nicht auf, wenn sich da noch ein »Kind« einschleicht...

Verstehe. Also hat es damit zu tun, welche Rolle wir spielen?

Es hat mit unserem Verhalten zu tun. Das sich aus einer Rolle ergibt. Ja.

Also in Zukunft keine Rollen mehr spielen?

Wie soll das gehen? Wenn du einen Beruf ausübst, dann hast du doch automatisch eine berufliche Rolle. Vielleicht bist du Busfahrer. Nicht wahr?

Verstehe.

Tatsächlich? Du hast den kleinen Fehler nicht bemerkt.

Welchen?

Ich habe gesagt: »Du »bist« Busfahrer.«

Ach so. Du »spielst« die Rolle des Busfahrers. Meinst du das?

Genau. Was du eigentlich bist, ist ein Mensch. Egal welche Rolle du spielst. Und was ist jedem Menschen zu eigen? Warum kann er überhaupt behaupten, ein Mensch zu sein?

Weil er einen freien Willen besitzt?

Richtig. Und demnach kannst du jede Rolle im Leben spielen, die du dir wünschst. Und wenn du das tatsächlich tust, ist die Chance, dich zu verwickeln, erheblich kleiner, als wenn du zwanghafte Rollen spielst. Und wenn du es richtig gut machen möchtest, wenn du sozusagen Gott zum Staunen bringen willst, dann spielst du zunehmend nur noch Rollen, die zu deinem Wesen passen. Und darüber handelt im Kern auch dieses Buch: Befreie dich von alten, unpassenden Rollen und entwickele neue, zu deinem Wesen passende Rollen. Gehe den Weg von wenig Energie zu dem Weg, der dir in unbeschränktem Maße Energie zuführt. Das wäre es auch schon. Kein großes Ding.

Sehr witzig.

Wieso? Wo ist der Haken?

Keine Ahnung. Es gibt immer einen.

Hier nicht. Zumindest dann nicht, wenn du weißt, wie es geht. Wenn du beispielsweise weißt, wie du nach Italien kommst, ist es dann noch ein Problem?

Eigentlich nicht.

Genau. Du musst dich nur auf den Weg machen. Also dein Bündel schnüren, deinen Koffer packen, etwas Proviant einstecken in Form von Essen und Geld, und dann geht es los. Unterwegs begegnen dir vielleicht noch Dinge, mit denen du nicht gerechnet hast, aber weil du mit leichtem Gepäck reist, hast du ausreichend Energie, dich jeder Situation erfolgreich zu stellen. Egal, ob du mal gefordert bist, oder ob es auch schöne Momente gibt, die dich bereichern oder berühren. Aber schließlich wirst du dort ankommen. Das »Wann« ist dann zweitrangig. Du lässt dich nicht hetzen, machst mal eine Pause und dann geht es entspannt und freudvoll weiter. Nach deinem Tempo. Und mit der Zeit wird es ja auch immer wärmer, je näher du in Richtung Süden kommst. Vielleicht kannst du sogar schon die Zitronen riechen...

Oder den Limoncello. Nicht zu vergessen den Cappuccino. Und natürlich...

Schon gut. Dein Enthusiasmus in Ehren. Erst einmal geht es hier weiter, damit langsam mal eine Art Fahrplan sichtbar wird. Bis jetzt sind wir ganz schön hin und her gesprungen. Ich habe mich von dir zu sehr verleiten lassen...

Keine Opferhaltung bitte! Oder möchtest du dich mit mir verwickeln?!

Ich kann mich nicht mit dir verwickeln. Das würdest du nicht schaffen.

Oder umgekehrt?

Kein Interesse. Ich habe genügend Energie.

Das würde ich auch gerne sagen können.

Wo ist das Problem?! Lausche einfach meinen Worten, dann kann nichts schief gehen.

Das hast du schon so häufig gesagt.

Weil du entweder nicht richtig zuhörst, oder aber du verstehst es, machst es aber nicht. Es ist kein Zufall, ob etwas funktioniert oder nicht. Kein Fluch, kein schlechtes Karma. Es ist einfach nur Physik. Und die funktioniert, zumindest hier auf der Erde, immer gleich.

Dann ist ab jetzt ja alles ok. Dann starte ich jetzt neu und höre dir zu. Mal als Basis.

Wäre tatsächlich ein Anfang. Mal schauen, wann dir wieder die Luft ausgeht.

Ich habe gerade beschlossen, dass es bei mir keinen Sauerstoffmangel geben wird.

Ich wünsche es dir.

Ich mir auch. Wo willst du anfangen?

Ich würde noch mal gerne kurz zusammenfassen, was wir bisher angesprochen haben, nur eben ausnahmsweise logisch aufeinander folgend.

Gerne. Ich schreibe mit.

Der Mensch, der auf die Erde kommt, hat einen Körper und einen Geist. Mit dem Geist hat er die freie Fähigkeit, alles zu erschaffen, was er möchte. Seine Aufmerksamkeit lenkt seinen Energiefluss. So konzentriert er Energie, die sich je nach Qualität und Intensität zu entsprechenden Dingen oder Ereignissen formt.

Fertig?

Was vergessen?

War das etwa deine »Zusammenfassung«?

Warum nicht. Ist im Wesentlichen alles, was du brauchst, oder nicht?

Ich weiß nicht ganz...

Es geht doch darum, dein Leben zu lenken, oder? Und zwar so, wie du es möchtest.

Sicher. Aber fehlt dann nicht etwas? Du hast nichts darüber erwähnt, wie man den Energiefluss lenkt.

Doch sicher. Über deine Aufmerksamkeit.

Was verstehst du denn darunter?

Welche Möglichkeiten hast du, um deine Aufmerksamkeit zu lenken?

Du meinst, etwas anzuschauen? Mit den Augen?

Ja, zum Beispiel. Und was noch?

Hören?

Du bist jetzt bei der »sinnlichen Wahrnehmung«. Warum nicht. Was ist das alles zusammen?

Ich weiß nicht, worauf du hinaus willst.

Du bist dabei, »passiv« wahrzunehmen. Du hast ein Objekt, eine Situation, die du in dir aufnimmst. Oder?

Ich denke schon.

Wofür brauchst du diese Art der Wahrnehmung?

Keine Ahnung. Vielleicht interessiert mich das, was ich da wahrnehme?

Du meinst, es könnte dich hinsichtlich was interessieren? Vielleicht, weil du feststellen willst, was ein Objekt, ein Mensch oder eine Situation mit dir machen könnte?

Ja, vielleicht ist es ja potentiell gefährlich für mich.

Ja. Oder aber es fasziniert dich, weil es in deinen Augen vielleicht attraktiv erscheint. Oder du möchtest etwas verstehen. Um es später für dich nutzen zu können. Oder erst einmal sicherheitshalber checken, ob es am Ende überhaupt interessant für dich ist. Oder für jemanden, den du kennst. Du möchtest vielleicht etwas haben, verstehen, oder die Wirkung auf deine Person einschätzen. Und wenn du damit fertig bist, hast du eine bestimmte Erfahrung gemacht. Und möglicherweise integrierst du die, weil du sie in Zukunft nutzen möchtest. Oder du erklärst sie in dir für irrelevant, dann hast du sie zwar kurz integriert, aber ansonsten wird sie nicht weiter bearbeitet oder gebraucht. Sie ist einfach nur da, ohne Wichtigkeit. Die »Passive Wahrnehmung«. Die aktive Wahrnehmung ist das, was noch nicht da ist, was du aber möchtest, dass es da wäre. Wenn du keine Freundin hast, möchtest aber eine haben, was machst du dann?

Ich gehe da hin, wo Freundinnen sich üblicherweise aufhalten. Wo auch immer das sein mag.

Vielleicht auf einer Automesse? Ich meine, dann hättest du zumindest schon mal die Gewähr, dass ihr womöglich gemeinsame Interessen hättet.

Warum nicht.

Und wenn du es aber leid bist, überall zu suchen, alle in Frage kommenden Orte erfolglos abzugrasen, dann könntest du was noch tun?

Du meinst, im Internet schauen?

Nein. Das meine ich nicht. Das wäre nicht ganz dein Stil, wenn ich das mal sagen darf. Kommst du nicht darauf?

Nicht wirklich.

Was machen Kinder, die sich irgendwas wünschen, was sie aber nicht machen oder haben können? Entweder weil sie noch zu klein sind, oder was zu viel Geld kostet oder es sonst wie nicht erreichbar erscheint?

Du meinst, sie holen es sich in ihrer Fantasie her?

Sehr richtig. Sie erschaffen es sich sozusagen passgenau für ihre Bedürfnisse, ganz ohne Geld oder Stress. Sie müssen nirgendwohin und es gibt keine Limits, steuern die ganze Sache lässig aus ihrem Kinderzimmer. Ein Auto mit 1000 PS fahren? Kein Problem. Was kostet mich das? Üblicherweise 500.000 Euro aufwärts, aber für dich heute mal nichts. Fühl dich lieber gleich mal eingeladen, eine Spritztour zu machen. Du hast keinen Führerschein? Kein Problem. Brauchst du nicht.

Du weißt doch, wie es geht. Gas, Bremse und etwas lenken. Kinderleicht. Welche Farbe soll es sein? Lilametallic? Warum nicht. Innen rotes Leder. Nicht zu gewagt? Nein? Na gut. Mach rotes Leder rein! Auspuff besonders laut? Gibt das keinen Ärger? Nein? Na schön. Dann können wir ihn ja auch gleich weglassen. Also jetzt aber mal losfahren und Spaß haben. Am Kindergarten mit 100 km/h vorbeifahren und winken? Zu gefährlich? Nein. Ist heute geschlossen. Und wenn du es auf die Spitze treiben willst: Lass dem Ding gleich mal Flügel wachsen, damit wir auch in die Luft gehen können. Aufpreis: Null Euro? Gekauft! Diese Art der aktiven Wahrnehmung könnte man auch wie nennen?

Fantasie?

Völlig richtig. Du entwickelst dich langsam zu einem Musterschüler. Ich habe dich wohl nicht zufällig unterschätzt?

Bestimmt.

Schön. Aber es sind ja noch einige Fragen offen. Mal schauen, ob du das Niveau halten kannst.

Sicher. Für mich gibt es keine Hürden mehr. Nur Herausforderungen!

Wie heißt doch das italienische Getränk, das du vorhin erwähnt hast? Kann es sein, dass du bereits gekostet hast?

Ich bin nüchtern.

Schön. Dann kannst du mir ja auch sicherlich sagen, wofür die Fantasie nützlich sein könnte, um unser Leben in den Griff zu bekommen?

Natürlich kann ich das.

Und?

Wir können unsere Fantasie dafür einsetzen, um in eine bestimmte Stimmung zu kommen. Und mit dieser Stimmung ziehen wir Resonanzen an, die dieser Stimmung entsprechen.

Hört, hört! Ich bin beeindruckt.

Nächste Frage!

Das wird jetzt doch langweilig. Ich habe keine Lust zu fragen, wenn du alles weißt.

Dachte ich mir. Soll ich jetzt wieder blöde tun?

Ja, wechsele lieber mal wieder in deinen Normalzustand.

Sehr gerne. Wie lautet denn die nächste Frage?

Und wie entsteht durch meine Stimmung die Wirklichkeit? Rein technisch gesehen?

Keinen Plan.

Na, dann will ich dir mal auf die Sprünge helfen: Was passiert, wenn eine Lichtquelle auf eine weiße Wand fällt?

Die Wand wird hell.

Gut. Ändert sich die Farbe?

Nein. Sie bleibt weiß. Nur heller.

Gut. Was passiert, wenn ich ein Dia zwischen Lichtquelle und weißer Wand schiebe?

Die Lichtquelle bildet den Inhalt des Dias auf der weißen Wand ab.

Gut. Ist die Wand dann noch weiß?

Nein. Sie nimmt die Farbe des Dias an, wenn man so will.

Richtig. Und so funktioniert die Schöpfung. Mal so ganz grob. Energie strahlt durch mich hindurch und erzeugt ein spezifisches Ergebnis, abhängig davon, welche Inhalte ich in mir trage. Fertig.

Also keine große Sache.

Nein. Im Prinzip nicht. Im Detail zwar schon, aber das soll uns hier nicht interessieren. Wir sind ja keine Wissenschaftler, wollen nicht beweisen, sondern nur mit diesem Prinzip arbeiten.

Es gibt nichts Gutes, außer man tut es.

Ich habe doch bereits erwähnt, du solltest deine philosophischen Anwandlungen endlich mal unterlassen.

Das kann ich nicht. Das ist in meinem Wesen verankert.

Du kennst dein Wesen überhaupt nicht. Außerdem solltest du dich nicht mit fremden Federn schmücken. Wenn ich dir was vorsage, dann kannst du nicht so tun, als ob es von dir kommt.

Werden so nicht die meisten wissenschaftlichen Bücher verfasst?

Das muss uns nicht interessieren. Sag mir mal lieber, welche Inhalte du konkret in dir trägst, welche davon in die Welt ausstrahlen und ob das Ergebnis für dich in Ordnung geht.

Bei mir ist alles ok.

Danke für das Gespräch. Ich wette mit dir, dass nicht alles okay ist bei dir.

Warum?

Wenn es so wäre, dann würdest du morgens voller Vorfreude aus dem Bett hüpfen und energiegeladen in den Tag starten.

Tu ich doch.

Wenn du dringend auf Toilette musst, ja. Ansonsten drehst du dich auch gerne wieder um.

Das ist nur ein Reflex. Ich will das eigentlich gar nicht...

Das klingt ja nun irgendwie ganz simpel, ist es aber tatsächlich auch. Die Idee dahinter ist die, dass ein Mensch die gleichen Möglichkeiten hat, sich an der Schöpfung zu beteiligen, wie Gott selbst.

Gewagtes Experiment.

Warum?

Weil er selten das tut, was Gott macht.

Wie meinst du das?

Na der Mensch, wie wir alle wissen, zerstört in großen Teilen das, was Gott schon aufgebaut hatte. Siehe die Natur der Erde. Oder auch unsere eigenen Dinge, die wir selbst als Menschen schon erschaffen haben. Wir zerstören sie mit Kriegen. Ist das wirklich der große Wurf oder hätte er lieber ein Sicherheitssystem einbauen sollen?

Das ist nun deine persönliche Sichtweise und sicherlich nicht ganz abwegig. Aber ich hatte ja schon erwähnt, dass die Dynamik der Schöpfung auch darauf beruht, dass Fehler gemacht werden können. Der Mensch kann nicht schlaftrunken durch die Welt wandeln und alles was er anfasst, wird zu Gold...

Nein, ich weiß. Einige Dinge werden eben auch...

Was?

Fängt mit dem 19., 3., 8. Buchstaben des Alphabets an und endet mit dem fünften.

»Schade«?

Natürlich. Und der Mensch quält sich mit seinen eigenen Taten.

Das stimmt. Das ist die eine Seite. Aber auf der anderen Seite ist der Mensch auch zum genauen Gegenteil fähig. Nämlich in den Zustand der Liebe zu kommen. Und darüber hinaus viele andere gute Dinge zu schaffen und zu erleben. Er bleibt ein Wesen mit zwei Gesichtern.

Das Gute und das Böse.

*Wenn du so willst. Aber du speziell hast doch die Mög-
lichkeiten, aus deinem Leben all das zu formen, was du
gerne möchtest. Es ist doch kein Geheimnis. Du kannst
dich doch jeden Tag entscheiden. Willst du dies, willst
du das, oder doch lieber das? Willst du deinen Körper
quälen, oder tust du ihm etwas Gutes? Schaust du dir
den größten Schrott im Fernsehen an, oder gehst stattdessen lieber in die Natur? Alles ist möglich, wenn du
willst.*

Mit Einschränkungen vielleicht.

*Ja, das sieht auf den ersten Blick vielleicht so aus.
Schaust du aber genauer hin, dann wird dir klar, dass
es gar keine gibt. Wohl vielleicht in deinem Kopf. Aber
da der Verstand ja häufig noch ein gutes Stück in deiner
Vergangenheit rumdümpelt, ich könnte auch sagen, ver-
nebelt ist, mutet es so an, als ob an jeder Ecke Hürden,
Barrikaden und undurchdringliche Hindernisse lauern.
Von den Gefahren des alltäglichen Lebens, mal ganz
zu schweigen. Das Leben in Mitteleuropa ist schließlich brandgefährlich. Kein Wunder also, dass alle nach
Sicherheit streben. Sicherheit im Beruf, Sicherheit in der
Partnerschaft, in der Gesundheit. Der Mensch wird immer älter und langweilt sich am Ende zu Tode.*

Du übertreibst. Wie immer.

*Ach ja? Die Menschen haben mittlerweile unendlich
viel Freizeit. Und viele wissen nichts Besseres damit an-*

zufangen, als stundenlang Fernsehen und Ähnliches zu schauen. Der Mensch ist ein energetisches Wesen. Er lebt davon, dass er Energie generiert. Fernsehschauen und viele andere Dinge rauben Energie. Langeweile tötet.

Aber du hast schon öfter gesagt, ich solle mich mehr langweilen.

Ja schon. Das habe ich aber in einem anderen Kontext gesagt. Wenn du wieder mal gaga irgendwas reparierst, baust oder säuberst, was aber gar nicht dran ist, was sinnlos ist. Dann habe ich dir gesagt, du solltest dich lieber still in eine Ecke setzen und dich »langweilen«. Einfach nur, um deine zwanghafte Dynamik zu brechen. Und um anderen Dingen Platz zu geben, die sonst keine Chance haben, sich bei dir zu melden.

Es reicht ja, wenn du dich bei mir meldest.

Ich nehme das mal als Kompliment. Aber wäre es nicht auch schön, vielleicht etwas Abwechslung zu haben?

In welcher Richtung?

Wenn du an meine Ausführungen denkst, betreffend deiner Seele. Dass du ein Teil von ihr bist, auch wenn du das gegenwärtig nicht spürst, dann wäre es doch geschickt von ihr, zumindest einen oder gar mehrere Kanäle offenzuhalten, um Informationen hin und her senden zu können. Oder?

Vielleicht wäre das geschickt. Ja.

Wenn du keinen Zugriff auf Informationen deiner Blaupause, sprich Wesen, hast, dann könntest du vielleicht andere Möglichkeiten nutzen, dich schlau über deine Lebensabsicht zu machen, oder?

Das wäre natürlich sehr geschickt.

Denn wir erinnern uns: Du, hier, vergessen auf der Erde und vielleicht nicht wirklich glücklich, hast keine Idee, wie du deine Situation nachhaltig verbessern kannst. Außer die gleichen Dinge zu wiederholen, die sich nachweisbar als ungeeignet erwiesen haben. Du kennst dich aus, oder?!

Ich renne des Öfteren vor eine Wand, in der Hoffnung, sie möge doch bald nachgeben...

Vermutlich wird eher dein Kopf nachgeben. Und selbst wenn du mal mit Gewalt erfolgreich sein solltest, dann wartet anschließend garantiert die nächste Wand auf dich. Weil du nicht merkst, dass du eine Wand inmitten eines Gefängnisses angegangen bist. Und du durch diese Wand allenfalls in einen weiteren Gefängnishof kommst. Du solltest dich lieber vorher entlassen lassen, bevor du unsinnig Energie aufwendest.

Leichter gesagt als getan. Die Frage ist nur, an wen ich mein Entlassungsgesuch stellen sollte.

An den Gefängnischef natürlich.

Und wer ist das?

Das bist du selber.

Soso. Ich sperre mich also selber ein?

Natürlich. Wer denn sonst?

Ist doch egal. Irgendjemand, dessen Job es ist.

Auf den ersten Blick mag vielleicht dein Chef diese Person sein, oder dein Partner, deine Eltern oder die Politik. Aber am Ende ist schnell ersichtlich, dass das nicht so ist.

Na schön. Und wie soll ich mich entlassen? Ein schickes Selbstgespräch führen?

Warum nicht. Hast du etwa Bedenken schizophren zu sein?

Nicht zu sein, aber vielleicht zu werden.

Das wirst du sicher dann, wenn du auf Dauer den Zwiespalt zwischen einem unwesentlichen Leben und einem möglichst wesentlichen Leben nicht länger überbrücken kannst. Wenn sich beide Seiten sozusagen einen Kampf in dir liefern. Der eine sagt: »Wir müssen mal schauen, ob wir uns das leisten können, so gefährliche Sachen zu machen…«, während der andere Teil zu dir sagen wird: » Wir müssen mal schauen, ob wir uns das leisten können, nicht mal gefährliche Sachen zu machen!«.

Die erste Stimme war die der Sicherheit, nicht wahr?

Das ist richtig. Und die zweite Stimme wäre die deines Wesens, deiner Seele. Die möchte natürlich ein sinnvolles und berührendes Leben führen, so wie ihr es vor deiner Reise ausgemacht hattet. Und natürlich war ihr klar, dass du letztlich mehr scheitern wirst, als Siege einzufahren. Aber irgendwann kommst du zu einem Punkt, an dem es um eine Entscheidung geht. Wo eine Richtung bestimmt werden muss.

Welche Richtungen gibt es denn? Ich meine, sind es mehr als zwei?

Es gibt die in Richtung » Tod«. Und es gibt die in Richtung » Leben«.

Das ist übersichtlich.

Welche Richtung bevorzugst du?

Ich jetzt?

Ja, du jetzt?!

Natürlich in Richtung Leben.

Ach ja?

Was soll dieses konspirative: »Ach ja«?

Denkst du, du tust genug dafür?

Eine gute Frage.

Ich weiß.

Wenn ich jetzt sage: »ja«, dann beweist du mir bestimmt wieder das Gegenteil. Und wenn ich »nein« sage, fragst du mich, warum ich denn nicht genug tue. Ich kann nur verlieren.

Oder Erkenntnis gewinnen. Es ist ja noch nicht zu spät.

Ich hoffe doch.

Du bist schon wirklich ein Spezialfall. Aber auch nicht der Einzige.

Das macht die Sache vermutlich nicht besser?

Doch. So könnt ihr »Spezialfälle« wenigstens gemütlich beieinander hocken und euch erzählen, wie schwer und trickreich doch das Leben ist. Und das es anderen ja noch schlechter geht als euch. Im Grunde könnt ihr ja überhaupt froh sein, noch ein Dach über dem Kopf zu haben. Alles ist eben relativ.

Das ist so.

Wenn du dich nicht aktiv für das Leben entscheidest, wirst du es mit hoher Wahrscheinlichkeit versemmeln.

Aber es gibt auch Menschen, die machen sich gar keinen Kopf. Die Leben einfach, sind glücklich und ich glaube nicht, dass die sich vorher gefragt haben, welches Leben sie leben wollen.

Die mag es geben. Aber auch wenn sie keine Entscheidung aktiv getroffen haben, so bestimmt unbewusst. Weil für sie nichts anderes in Frage kommt. Und die verstehen auch Menschen nicht, die ständig mit sich ringen, ständig am Rand einer Depression kratzen. Die würden dich allenfalls fragen, was du denn für ein Problem hast. »Mach doch einfach!«.

Du meinst die, die anderen auf die Nerven gehen, weil sie ständig gut gelaunt sind?

Ja die. Aber auch die mögen ihre eigenen Hürden haben, aber ihr Mittel dagegen ist das »Machen«. Und wenn etwas nicht klappt, wieder anders machen. Die sind im Grunde nicht aufzuhalten, egal ob sie gesellschaftlichen Rang haben, oder auch nicht. Die findest du in allen Schichten, es sind nur nicht ganz so viele.

Das glaube ich auch.

Vielleicht fünf Prozent von allen. Mehr nicht.

Das sind dann die, die uns das Geld wegnehmen. Die berühmte Elite.

Das ist nicht die Elite. Habe ich doch gesagt. Das kann mal so sein, dass jemand von denen dort landet, aber da kannst du schließlich auch anders hinkommen. Einfach indem du dir Dinge abschaust, die andere bereits »erfolgreich« anwenden. »Vorbilder« nennt man das.

Es gibt aber auch Negativvorbilder.

Natürlich. Es gibt eben alles, was du willst. Ich indes würde positive Vorbilder bevorzugen. Menschen, die nachweislich dem Leben zugewandt sind. Und wenn du schaust, was die vielleicht anders machen im Vergleich zu anderen, dann nennt man das wohl »lernen«. Kinder lernen bei Lehrern.

Unter anderem. Aber wieso erwähnst du das?

Sind das immer gute Vorbilder?

Na sowohl als auch, würde ich sagen.

Sind Polizisten immer gut oder gute Vorbilder hinsichtlich des Einhaltens von Gesetzen?

Keine Ahnung. Ich kenne keine.

Amnesie? Ich würde sagen: Sowohl als auch.

Vermutlich.

Halt Menschen. Ich denke aber, wenn du als Lehrer, als Polizist oder in welcher »Rolle« du gerade unterwegs bist, authentisch bist, dann ist das alles kein Problem. Jeder kann Fehler machen und du kannst dich dafür jederzeit entschuldigen. Fertig. Aber du kannst eben auf der anderen Seite auch sehr viel Gutes in die Welt bringen. Der Lehrer durch einen tollen, lebendigen Unterricht, der Polizist durch eine positive Souveränität und vielleicht der Toilettenmann durch eine blitzsaubere Umgebung.

Der Letztere bleibt vielleicht am nachhaltigsten im Gedächtnis.

Schon möglich. Alles wird gebraucht, sonst gäbe es das nicht. Und ob du persönlich gewisse Dinge überflüssig oder gar für schädlich hältst, interessiert die am wenigsten, die genau das brauchen oder haben möchten.

Glyphosat.

Selbst das. Aber sei einfach mal nicht so dogmatisch, du bist nicht der Mittelpunkt der Welt.

Aber ich kann ja wohl für Dinge eintreten, die ich wichtig finde?

Das solltest du auch. Dringlichst. Aber vielleicht auf eine Weise, die es anderen ermöglicht, deinen Standpunkt tatsächlich zu verstehen. Und dafür musst du ihn sauber erklären und darstellen. Und nicht einfach irgendwelche Schachtelsätze und ein paar Fremdwörter runterrasseln und so tun, als ob du Ahnung hättest. Im besten Sinne halt Werbung für deine Idee betreiben.

Entfernen wir uns nicht so langsam vom Ausgangspunkt?

Welcher was das?

Ich weiß es eben nicht, deshalb bin ich wohl gerade aufmerksam geworden.

Ich denke, es ging um eine Art Wendepunkt in deinem Leben. Oder die Frage: Wie lange lässt es sich durchhalten, wenn du keine neue Energie generierst. Stimmt das?

Das war es nicht wirklich. Aber wenn du da weitermachen möchtest?

Ist das nicht die zentrale Frage überhaupt?

War es nicht die zentrale Frage nach der Technik? Also wolltest du uns nicht verraten, wie wir unser Leben erfolgreich gestalten können?

Natürlich. Aber was nützt dir das, wenn du dich schon im Sterbeprozess befindest?

Ich könnte ihn vielleicht aufhalten? Wenn du es schon so krass ausdrücken möchtest...

Das ist nicht krass. Das ist Physik. Eine Rechnung zwischen Soll und Haben.

Das ist keine Physik, das ist Bankwirtschaft.

Aber hinter der Bankwirtschaft steckt mathematische Physik. Die Sache mit den Zinsen vielleicht mal ausgenommen.

Na schön. Was habe ich denn auf der einen und der anderen Seite?

Auf der Habenseite deine Energie. Die Menge an Energie, die du zur Verfügung hast.

Und was steht auf der anderen Seite?

Das, was vom Konto runtergeht.

Also Abbuchungen.

Ja. Lastschriften, die du dummerweise in Auftrag gegeben hast. Wie zum Beispiel: Ich muss immer am Sonntag zu meiner Mutter, oder Schwiegermutter, zum Essen.

Die würde ich dann halt kündigen. Zumindest dann, wenn mich das Ganze Energie kostet.

Davon kannst du immer ausgehen, wenn irgendetwas mit strenger Regelmäßigkeit stattfindet.

Aber das Essen bringt auch Energie.

Gut, dass du kein Bankkaufmann geworden bist.

Nein, ehrlich. Ist es denn nicht immer ein Austausch? Zwischen Menschen?

Natürlich. Wenn es passt, dann haben beide Seiten etwas davon. Aber ich mutmaße mal, bei zwanghaften Verpflichtungen passt es nicht immer oder sogar selten bis gar nicht. Wenn du energiegeladen wieder von eurer Mutti wegfährst, dann kannst du das machen. Wenn du aber gleich, nachdem du zuhause angekommen bist, auf die Couch sinkst, eher nicht. Dann betreibst du maximal Überlebenshilfe für deine oder eure Mama, allerdings unabgesprochen und nicht zwingend im beiderseitigen Einvernehmen.

Vielleicht hat sie es ja verdient.

Ja vielleicht. Aber wenn sie Energie verdient hat, und dann auch noch von dir oder euch, solltest du mal schauen, wann diese »Schuld« vielleicht ausgeglichen ist. Üblicherweise gibt es die nämlich gar nicht zwischen Eltern und Kindern.

Was meinst du genau?

Wenn du dich entscheidest, Kinder zu bekommen, dann ist klar, dass du sie großziehen musst. Bis zu dem Zeitpunkt, wo sie dich nicht mehr brauchen. Und wenn sie ein anderes Verständnis davon haben und gerne länger als notwendig bei dir unterschlüpfen möchten, dann ist es an dir, sie mit einer passenden Frist rauszuschmeißen. Damit sie selber in die Gänge kommen. Wenn du das nicht machst, selber Schuld. Jeder hat ein Recht auf sein eigenes Leben.

Und was ist dann mein »Lohn« als Elternteil?

Freude.

Freude?

Ja. Das du dich während der gesamten Aufzuchtphase über deine Kinder freust. Weil sie so toll sind, wie sie sind.

Und wenn ich das nicht kann?

Dann hast du Pech gehabt. Das heißt aber nicht, dass du später noch etwas gut hast bei ihnen. Nach dem Motto: »Nun kümmere dich mal um mich. Schließlich habe ich dich großgezogen. Das war kein Spaß, sage ich dir...«

Solche Sätze werden bestimmt hier und da mal gesagt.

Ja, schlimm genug. Aber noch schlimmer wäre es als
»Kind«, dem nachzugeben. Wenn deine Eltern, wa-
rum auch immer, nicht mehr können, dann ist ihr
Leben halt zu Ende. Und wenn du aus freien Stücken
noch für sie sorgen möchtest, dann ist das ja in Ord-
nung. Schaue aber, ob diese Entscheidung wirklich
frei getroffen wird und von welcher Instanz in dir
das kommt. Aus dem Verstand, der anfällig für ein
schlechtes Gewissen ist, oder aber aus dem Herzen,
was unbestechlich ist.

Vielleicht nicht immer leicht zu entscheiden.

Nur dann nicht, wenn du nicht mit deiner Herzens-
stimme in Kontakt bist.

Ist das die Stimme meines Wesens?

Ja. Oder deiner Seele, wenn du so willst.

Und diese Stimme würde mich im Zweifel immer richtig
beraten?

Sicher.

In allen Lebenslagen sozusagen?

Sozusagen. Es gibt wohl nichts, wo du sie nicht fragen
könntest. Am ehesten sind es wohl Fragen nach: Wo
ist meine Bestimmung?, Was tut mir gut?, Was wäre

der nächste Schritt? Und so weiter. Eher übergeordnete Dinge, weniger die Autofarbe.

Da würde ich mich ohnehin auf meinen vortrefflichen Geschmack verlassen.

Das könntest du.

Aber ist diese Stimme denn auch geeignet, um mein Leben so zu gestalten, wie du es schon angesprochen hast?

Ja und nein.

Aha.

Deine Stimme ist der Wegweiser. Die Dinge ins Laufen zu bringen, dafür brauchst du deine Fantasie. Streng genommen hast du nichts anderes, als deine Fantasie, dein Leben zu gestalten.

Das klingt etwas dürftig, in der Tat.

Das liegt wohl daran, dass ihre Reputation hierzulande eher mies ist. Und dass dir nicht klar ist, welche physikalische Kraft hinter der Fantasie steht.

Welche wäre das denn?

Die Fantasie besteht im Grunde aus zwei Elementen: Das eine ist die Imaginationskraft, die Mühe, die du aufwenden musst, um innere Bilder in dir zu erzeugen. Und der andere Part ist das, was durch diese Vorstellungskraft entsteht.

Was da wäre?

Magst du selber mal überlegen?

Kann gerade nicht. Es ist schon spät und ich bin müde.

Es ist 14:29 h.

Schon gut. Ich weiß es aber trotzdem nicht.

Ich weiß nicht, was ich sagen soll. Du versuchst es noch nicht einmal.

Moment. Ich habe es! Ist logisch. Es entstehen Gefühle!

Na, aber Glück gehabt. In letzter Sekunde.

Aber rechtzeitig!

Und was machst du mit den Gefühlen?

Komische Frage.

Du lässt sie sich ausbreiten.

Wohin?

Wohin sie wollen. Wenn du so willst, »badest« du in deinen Gefühlen. Zumindest dann, wenn sie kraftvoll genug sind. Und ob das passiert, bestimmst du selber.

Wie?

Indem du deiner Fantasie freien Lauf lässt. Je mehr, desto besser. Je intensiver, desto kraftvoller deine Gefühle, desto schneller ein Ergebnis.

Welches?

Du erinnerst dich an das Dia-Beispiel?

Dunkel.

Das Dia ist deine Fantasie. Die Inhalte deiner Fantasie sind das, was es auf dem Dia zu sehen gibt. Und das, was schließlich auf der Wand erscheint, ist das Ergebnis deiner Fantasie. Die »Realität«. Nur zeitversetzt.

Warum zeitversetzt?

Hast du schon mal was fantasiert und es ist direkt in Erfüllung gegangen?

Ja.

Was denn?

Kurz vor einem Elfmeter. Ich habe ihn in meiner Vorstellung schon drin gesehen und genau das passierte.

Beachtlich.

Finde ich auch. Bin ich jetzt ein Naturtalent? Oder sogar ein Hellseher?

Eher ein Schwachkopf. Aber weil du eben bist, wie du bist, werde ich versuchen, es auch für Langsamdenker zu erklären.

Du besitzt so viel Güte.

Die Intensität deiner Fantasie, deiner Gefühle ist entscheidend für den Zeitverlauf. Viel Intensität, also hohe Ladung, schnelles Ergebnis und je weniger Intensität da ist, je länger dauert es, bis du ein Ergebnis hast.

Es liegt also an mir, wie lange ich für was brauche?

Exakt.

Und wenn ich mir, beispielsweise, intensiv vorstelle, dass Schalke Meister wird? Wie lange muss ich ungefähr warten?

Wenn es nicht gut läuft, ewig.

Was mich nicht wundern würde. Aber warum genau? Weil irgendwann müsste dann doch ein Ergebnis kommen, oder? Ich meine, wir sprechen angeblich von Physik.

Grundsätzlich ja. Aber das gilt in reiner Form eben nur für deine eigenen Belange. Und bei einer solchen Meisterschaft sind ja noch mehrere beteiligt, wenn ich da richtig informiert bin.

Leider.

Und da kommt es auf jeden Beteiligten an. Und natürlich umso mehr auf die, die aktiv daran beteiligt sind. Denn dir wird es kaum gelingen, vom Sofa aus, mit einer Chipstüte in der Hand, einen Treffer zu erzielen.

Kleiderordnung würde auch nicht passen.

Na siehst du. Was du aber kannst, ist dich in die Fantasie zu versetzen, einem ganz besonders schönen Fußballerlebnis beizuwohnen. Mit viel Dramatik, Herzblut und einem Fußballwunder zum Schluss.

Die Frage wäre nur, für welches Spiel ich mir eine Karte kaufen müsste...

Das solltest du dann tatsächlich dem Zufall überlassen. Irgendwann wird das schon kommen, wenn du das beabsichtigst. Die Zeit ist der Faktor, der am schwierigsten zu bestimmen ist.

Warum?

Weil du verfolgen müsstest, wo, wann, wie hoch die entsprechende Ladung ist, damit so ein Ereignis kurz bevorsteht. Und das kann eben nicht jeder.

Ich kann es nicht.

Du weißt ja noch nicht einmal, wann deine gekochten Eier richtig sind.

Doch. Nach 5 Minuten bei normaler Größe.

Schön. Aber wenn du es nicht anhand einer Uhr wüsstest, könntest du dich in das Ei hineinversetzen, welchen Aggregatzustand es gerade hätte?

Ich könnte raten.

Richtig. Das ist ja auch das, was die meisten machen. Sie raten und rätseln, manchmal hoffen sie und einige glauben sogar. Aber all das hat in meinen Augen nichts damit zu tun, Einfluss auf sein eigenes Leben auszu-üben.

Du bist immer so schwarz und weiß.

Ach ja? Und was bist du dann? Einfach nur grau? Weil du mal so und mal so bist?

Ja, Stephan der Graue. Klingt doch gar nicht so schlecht, oder?

Es ist wirklich hoffnungslos mit dir.

Das würde ich nicht sagen. Schließlich bist du ja an meiner Seite. Und ich lerne jeden Tag.

Dann vergiss bitte nicht, es auch anzuwenden. Dein Denkapparat ist heilloses Chaos, deine Gefühle fast nicht vorhanden. Was soll das werden?

Immerhin schreibe ich gerade ein Buch. Ist doch mal was, oder?

Wenn es denn ohne meine Hilfe wäre, ja. Wenn es denn sprachlich anspruchsvoll wäre, dann ja. Aber so...

Du wirst doch nicht ernsthaft unser eigenes Buch diffamieren. Weißt du eigentlich, welche Opfer ich bringe?

Nein, zufällig gerade nicht.

Ich sitze hier und schreibe mit krummen Rücken. Und abends merke ich, was ich getan habe!

Wir sollten weitermachen.

Gut.

Du solltest also bei allem, was du in dieser Richtung machst, die Zeit mal nicht so wichtig nehmen. Ich weiß, wenn du dir etwas sehnlichst wünschst, einen Partner vielleicht, dann werden Tage zu Wochen. Du bist dann einfach so ungeduldig wie Kinder vor der Bescherung. Und das ist nicht so vorteilhaft.

Bescherung?

Das Warten.

Warum?

Weil es deine Energie bindet, oder sogar lähmt. Besser wäre es, ganz »Normal« zu tun und dich schließlich vom Ergebnis überraschen lassen.

Warum bindet Ungeduld meine Energie?

Weil du im Suchmodus bist und nicht im Findemodus. Eine neue Wohnung zu suchen kann unendlich mühsam sein, eine zu finden kein Problem. Wenn du alles gut vorbereitet hast mit deiner Fantasie, kommt jemand auf dich zu, sagt dir, er würde einen Job im Ausland annehmen und ob du jemanden für seine Wohnung als Nachmieter wüsstest. Er zeigt dir ein paar Bilder und du bekommst den Mund nicht mehr zu. Das ist deine Wohnung! Kinder, die auf das Christkind warten, sitzen nur noch apathisch in ihren Zimmer, bis endlich das Glöckchen klingelt. Die kannst du vorher zu nichts mehr gebrauchen...

Kurz bevor ich meine neue Partnerin kennenlerne, klingelt da auch das Glöckchen?

Ich bin sicher, da klingelt gar nichts bei dir. Selbst wenn sie direkt vor dir stehen würde.

Dann musst du mir sagen, wenn es so weit ist.

Das befürchte ich auch.

Was aber, wenn ich wirklich nicht sicher bin, ob das, was ich da so fantasiere, jemals zum Erfolg führen wird?

Du meinst, wenn es nicht kommt?

Ja.

Dann wären zwei Möglichkeiten denkbar. Zum einen könnte es sein, dass der Erfolg bereits eingetreten ist, du es aber nicht realisiert hast und zum zweiten, dass es einfach noch nicht reif ist.

Was meinst du genau mit der ersten Möglichkeit?

Die Fantasie, die du dir machst, ist ja dafür da, Gefühle zu erzeugen. Sie ist nicht dafür da, genau so, in diesen exakten Bildern, die du dir vorstellst, zu erscheinen. Es kann, beispielsweise, sein, du wünschst dir als Frau einen neuen Partner. Jetzt machst du dir deine Fantasie und in deinen Bildern ist ein großer, breitschultriger, gutaus-

sehender Mann zu sehen, der seine kräftigen Arme um deine Hüften legt und dir ins Ohr flüstert, dass er dich immer lieben und beschützen wird. Hast du das Bild?

Mein Gott, wie klischeehaft!

Egal. Nur um es anschaulich zu machen. In dir entsteht daraufhin ein Gefühl angenehmer Wärme, vielleicht sogar erotische Gefühle, Zuneigung, Vertrauen und ein schönes Gefühl authentischer Sicherheit. Dein Herz geht auf. Du bist rundum glücklich und er mit dir auch.

Wie wunderbar.

Wieso? Das macht doch Sinn, oder?

Sicher.

Also suchen sich die Gefühle als wirklichkeitsformende Kraft ihren Weg durch Zeit und Raum und kehren dann mit einem Ergebnis zurück. Jetzt wartet diese Frau auf ihren Prinzen, schaut sich überall nach ihm um. Wo ist denn der große, breitschultrige, gut aussehende Kerl bloß? Im Fitnessstudio ist er nicht, im Supermarkt auch nicht, in der Disco, Fehlanzeige. Die Frau ist langsam verzweifelt. Und der Einzige, der ihr momentan über ihren Frust hinweghilft, ist der neue Mitarbeiter in ihrer Firma. Der ist immer lustig, wirklich nett und ehrlich hilfsbereit. Er hat eine schöne Stimme, die irgendwie in ihr ein gutes Gefühl verbreitet. Ein Gefühl von: »Alles ist gut«. Nur sieht er überhaupt nicht so aus, wie »Ihr« Mann, ist einiges kleiner und hat einen leichten Bauchansatz. Jedenfalls sieht es so aus. Vermutlich. Dazu trägt er immer knallbunte Hemden, etwas gewagt für einen Mann, wie sie findet. Aber naja, ist ja auch egal. Sie muss sich ja nicht mit ihm sehen lassen, schließlich sind sie nur Arbeitskollegen. Und leicht naiv freut sich diese Frau immer mehr, ihn auf der Arbeit zu sehen, und ist fast schon enttäuscht, wenn er mal einen Tagestermin außer Haus hat...

Ich weiß schon, was du sagen willst.

Na klar, du kennst dich mit dem Thema ja bestens aus. Wer Fragen zur Partnerschaft hat, bitte sehr: Herr B. ist ihr Experte.

So weit würde ich nicht gehen. Aber der Fall hier ist sonnenklar.

Dann sag mal?

Die Frau hat durch ihre Fantasie eine »Gefühlswolke« um sich herum erzeugt, die für sie nach Entsprechungen sucht. Und sie hat auf der Suche nach ihrem »Traummann« ständig dieses Fantasiebild vor Augen, merkt aber gar nicht, dass nicht das Bild, sondern ihre Gefühle diesen Mann anziehen. Also kommt sie nicht darauf, ihre Gefühle abzutasten, sondern schaut immerzu nach dem äußeren Bild des Mannes. Das führt sie ein Stück weit in die Irre.

Weiter...

...weil dieser Mann mit dem exakten Aussehen nicht kommt. Aber könnte er denn theoretisch kommen? Ich meine, dass »ihr« Mann tatsächlich so oder ganz ähnlich ausschaut?

Du meinst die Breite-Schulter-Nummer?

Ja?

Das könnte so sein. Muss aber nicht. Weil die Gefühle eben die entscheidende, wirksame Kraft sind, nicht das Bild an sich. Ein Filmregisseur könnte vielleicht so vorgehen. Er wählt den Mann nach diesen Prinzipien aus, um im Film bei den Zuschauern genau diese Assoziationen zu erzeugen. Der Schauspieler unterstützt das dann zusätzlich durch sein Schauspiel. Aber hier ist es eben nicht so. Es kann sein, die Frau sucht nach äußeren Merkmalen bei den Männern, weil sie denkt, es entstünden automatisch entsprechende Gefühle bei ihr. Und vielleicht findet sie tatsächlich einige große, breitschultrige Männer mit allen erforderlichen Merkmalen. Aber leider zündet da nichts. Sie sind entweder egozentrisch, oder Waschlappen, oder was weiß ich. Und sie sind nicht imstande, die Gefühle in ihr hervorzurufen, die sie sich so sehr wünscht.

Verstehe. Dann also Augen auf beim Autokauf!

In erster Linie locker bleiben.

Und was, wenn sich die Frau aufgrund des Aussehens nicht erwärmen kann für diesen Mann?

Hast du schon mal eine Frau das erste Mal gesehen und dann wieder nach einer Woche, nach einem Monat? Am Anfang nimmst du nur ihr Äußeres war, vergleichst es automatisch mit deinen Vorlieben für Frauen und kommst zu einem Ergebnis. Dann, du triffst sie vielleicht auf der Arbeit, lernst du sie näher kennen und schon nach einer Woche bekommst du auch äußerlich einen anderen Eindruck von ihr. Und je mehr du sie nach einer Zeit schätzt, ändert sich das Empfinden ihrer Erscheinung erneut. Bis du vielleicht sogar verliebt bist und das alles eine untergeordnete Rolle spielt, weil sie und ihr Körper für dich ein stimmiges Bild ergeben. Weißt du, was ich meine?

Ja.

Und wenn diese Frau all das bekommt, was sie sich wünscht, dann glaube ich nicht, dass es an einem eingebildeten Bauchansatz oder einem zu buntem Hemd scheitert. Was meinst du?

Ich wünsche ihr das Beste. Aber wenn sie es dann doch nicht übers Herz bringt? Sie einfach so strenge Vorstellungen vom Äußeren, von ihrem »perfekten Mann« hat?

Dann muss sie halt warten und weitermachen. Aller-
dings wird es für sie nicht leichter werden.

Warum?

Weil ein Großteil ihrer Energie schon aufgewendet
wurde, um ein an sich passendes Ergebnis zu erzeugen.
Und das weiß sie. Dass alles perfekt war, nur ihre,
vielleicht eingebildete Vorstellung vom »Perfekten«
das Zusammenkommen verhindert hat. Da liegt fast
schon die Vermutung nahe, dass diese Fixiertheit auf
das große »Männlein« nicht ihre eigene Idee ist, son-
dern vielleicht das ihrer Mutter. Ich will jetzt nicht zu
tief in die psychologische Wunderbox greifen, aber
das klingt nicht unbedingt nach Herzensentscheidung.
Eher nach einer Verstandesentscheidung. Vielleicht
will sie auch gegenüber ihren Freundinnen was her
machen, mit diesem tollen Kerl. In jedem Fall könnte
es eine Sackgasse sein...

Die wohin führt?

Wenn du eigentlich schon alles hattest, dann für eine
Nichtigkeit alles wieder her gibst, dann könnte dich das
hinterher quälen. Zumal du meistens später erst darauf
kommst, dass du einem Phantom nachgejagt bist.

Also auf das Äußere keinen großen Wert legen, wenn
das Innere stimmt?

Das will ich so nicht sagen. Du musst dich auch nicht selber belügen. Wenn das für dich einfach nicht passt, was der andere an äußerer Erscheinung zu bieten hat, dann eben nicht. Das ist ja ok. Ich sage ja nur, dass du dich nicht blenden lassen solltest. Weder von einem subjektiv gutem Aussehen, noch von einem weniger Guten. Das ist alles.

Schön. Dann also mit Auge »und« Herz sehen...

Das hast du aber schön gesagt. Du verkappter Romantiker.

Ich werde halt völlig unterschätzt.

Von wem?

Von dir.

Ich denke eher, du unterschätzt dich selber. Eine Tatsache, die vielen, sehr vielen Menschen anhängt. Ich meine damit nicht den hauseigenen Größenwahn, ein aufgeblasenes Ego, sondern ganz praktisch, die Fähigkeiten deines Bewusstseins zu nutzen. Umfänglich sozusagen. Und erst wenn du anfängst, das zu tun, bekommst du ein Gefühl dafür, was eigentlich möglich sein müsste. Und das dein Leben doch nicht umsonst ist. Oder womöglich eine Pflichtübung getreu dem Motto: »Wenn ich schon mal da bin, dann bleibe ich eben so lange, wie ich muss.«

So ging es mir auch eine Zeit lang.

Das ist das Gefühl, was du hattest oder zum Teil noch hast, wenn du sagst, dass du dich vom Leben getrennt fühlst. Das ist im Grunde kein Gefühl, sondern eine Tatsache. Eine Wahrnehmung. Das Gefühl ist nur der Überträger der Information.

Was ist denn ein Gefühl im eigentlichen Sinne?

Eine Kraft.

Und ein Gedanke?

Auch eine Kraft. Allerdings in ihrer Wirkung dem Gefühl weit unterlegen. Zumindest wenn es um die Schöpfungskraft geht.

Dann wären Menschen, die mehr im Gefühl sind, anderen überlegen?

Was heißt schon »überlegen«. Wenn es darum geht, mit kraftvollen Energien dein Leben zu lenken, dann sind »Gefühlsmenschen« sicher schneller am Ziel. Sie sind sozusagen dynamischer unterwegs. Und da du ja nur eine begrenzte Zeit hier auf der Erde hast, ist die Zeit an sich schon ein Faktor.

Dann kann ich mit meinen Gedanken nicht viel werden?

Gedanken haben ihre eigene Kraft. Aber sie sind be-schränkter in ihrer Funktion. Du kannst mit Gedanken sicherlich Dinge exakt lenken, die du beabsichtigst. Allerdings, um dein Leben umfassend zu entwerfen, sind sie zu speziell. Und ihre Kraft beschränkt sich zumeist auf einen spezifischen Punkt.

Ein Beispiel bitte. Das ist mir zu theoretisch.

Wenn du Geldprobleme hast. Das heißt in diesem Fall nicht mit zu viel, sondern zu wenig Geld. Dann mag es sein, du hegst in dir den Gedanken, dass du irgend-woher viel Geld bekommst. Wie ein Mantra. Du sagst zu dir: »Ich bekomme viel Geld.« Dann mag es sein, dass du tatsächlich viel Geld bekommst, das Geld aber zwei Tage später wieder weg ist, weil die Steuerbehörde freundlich bei dir anfragt, ob du nicht langsam deine Schulden beim Staat begleichen möchtest. Ergo: Das Geld ist wieder weg.

Dumm gelaufen.

Ja, aber der Satz ist in Erfüllung gegangen.

Und die andere Variante?

Du bildest dir eine Fantasie, in der du Bilder entwirfst, wie du mit deiner Freundin auf einem Hausboot sitzt, italienischen Prosecco trinkst und auf das glitzernde Wasser schaust. Ihr unterhaltet euch darüber, was ihr

als Nächstes in Angriff nehmen wollt. Ein Projekt hier,
ein Urlaub dort und zwischendurch holt ihr euren neuen
Sportwagen ab. Der war zwar nicht ganz billig, aber
wenn ihr mittlerweile eines durchschaut habt, dass ihr es
euch gut gehen lassen müsst. Für euch selber, aber auch
für andere. Nur wenn es euch selbst gut geht, könnt ihr
für andere eine Bereicherung sein. Ihnen vielleicht neue
Perspektiven aufzeigen, oder einfach mal den Sport-
wagen für ein Wochenende leihen. Und ihr stellt euch
vor, wie sehr sich andere freuen über das, was ihr zu
geben habt. Und in dem Ganzen kommt Geld direkt
überhaupt nicht vor. Es wird irgendwo sein, ist aber
nicht erwähnenswert, weil es ausreichend zur Verfügung
steht. Es wird irgendwo dort generiert, wo ihr in der
Nähe seid. Denn mit eurer Energie schafft ihr in eurer
Umgebung einen Mehrwert für andere und das Geld
fließt automatisch. Fertig.

Easy.

Es ist so. Wirklich. Und die Fantasie ist deine »An-
schubfinanzierung«. Die gebildeten Kräfte, die Gefühls-
wolke steuert deine Realität. Sie ist wesentlich verläss-
licher als einzelne Gedanken. Die ohnehin nicht selten
aus dem Repertoire deiner Vergangenheit entspringen
und somit oft auch schädlich sind. Wenn du eine kraft-
volle Gefühlswolke um dich herum erzeugt hast, bist du
gleichzeitig auch geschützt vor destruktiven Energien,
die aus beliebigen Situationen entspringen oder von an-
deren Menschen kommen. Sie dient als eine Art Puffer

zu deiner erlebten Vergangenheit. Alte Energien können dich so nicht mehr packen, oder zumindest dich nicht gänzlich zurückkatapultieren in dein altes Fahrwasser.

Das klingt wirklich richtig gut.

Das ist wirklich richtig gut. Wenn du es tust.

Was genau? Ich meine, es ist mir schon klar. Fantasieren. Das ist alles? Was mache ich derweil mit meiner Realität? Mit meinem Alltag? Bis diese Fantasie Wirklichkeit wird, erlebe ich den ganzen Schwachsinn ja weiterhin, oder?

Das ist schon so. Aber: Du hast einen unschätzbaren Vorteil.

Welchen, may i ask?

Du hast einen Plan.

Welchen denn genau?

Du schmiedest dir in einer ruhigen Stunde einen »Schlachtplan«. Und zwar für deine Zukunft und gegen deine Vergangenheit. Den Schrott in Tüten. Und du versprichst dir selber, nicht eher zu ruhen, bis die ersten Fetzen deiner visualisierten Zukunft sichtbar werden. Und das wirst du dann gebührend feiern. Als Beweis dafür, dass es doch funktioniert. Dass du doch der Schöpfer deines Lebens bist. Zwar hast du bisher auch geschöpft, aber leider mit den Mitteln, den Glaubenssätzen, deiner Geschichte. Nicht weil du es so wolltest, sondern weil du es nicht besser wusstest. Jetzt aber hast du das Heft des Handelns selber in der Hand und du wirst Stück für Stück dein Leben zurückerobern. Bis du sagen kannst, du hast dein Leben im Griff, du empfindest dich als dein eigener Schöpfer. Die »Werkzeuge« stammen zwar nicht von dir, sondern von deiner Seele, du machst sie dir aber zu Nutze und erfüllst auf diese Weise deine Lebensabsicht. Fertig.

Easy.

In der Tat. Formsache.

Aber wo könnten denn trotz aller Klarheit Dinge lauern, die mir das Leben schwer machen könnten?

Sie lauern da, wo sie auch sonst zu finden sind, wenn du mal an dein bisheriges Leben denkst.

Ich denke gerade daran, dass ich manchmal faul bin.

Daran ist ja nichts auszusetzen. Im Gegenteil. Ich persönlich bin ein großer Freund von Faulheit. Gern gepaart auch mit Langeweile. Allerdings würde ich sie dort einsetzen, wo du sonst nur Dinge machen würdest, die du einfach nur machst, aus Routine. Die du machst, weil irgendeine eigenartige Stimme dir sagt, das müsse

man so tun, sonst ist es nicht gut. Irgendeinen Blöd-
sinn, wie immer samstags aufräumen, Auto waschen
und dabei Radio hören. Wenn Besuch kommt, ist vorher
die Wohnung durchzusaugen und das Bad zu putzen.

Ich finde es als Besuch nett, wenn das Bad - sagen wir
mal bestimmte Teile des Bades - sauber sind.

Wieso, ist dein Bad, inklusive dieser bestimmten Teile,
bei dir nicht sauber?

Ich habe derzeit kein Bad.

Na schön. Glück für dich. Aber üblicherweise gönnst
du dir selber doch auch ein gewisses Maß an Sauber-
keit, oder? Ich meine, einfach, um dich wohlzufühlen.
Und dann werden andere mutmaßlich auch damit klar-
kommen.

Vermutlich sieht man das insgesamt zu verbissen.

Ja sicher. Was ich damit sagen will: Findest du es gut,
wenn du Menschen besuchst, ihr eine schöne entspannte
Zeit haben wollt und die meinen vorher noch die ganze
Wohnung schrubben zu müssen? Das ist doch abartig.
Lieber mal lässig die Zeitung auf der Couch liegen las-
sen, ein paar Hundehaare sind auch nicht schlimm und
in der Küche stehen noch Reste, die dich oder euch
später vielleicht noch interessieren könnten...

Ich freue mich immer, wenn ich mal eine Zeitung zu fassen bekomme.

Und was ist mit den Resten in der Küche?

Kommt darauf an. Aber da ich ja alles esse, bis auf Knoblauch, wäre auch das potentiell interessant für mich.

Na siehst du. Immer entspannt bleiben. Aber was denkst du, wer macht sich grundsätzlich mehr Stress: Ein Gefühlsmensch oder ein Kopfmensch?

Sicher der Kopfmensch. Wobei der Gefühlsmensch ja meistens auch einen Kopf hat.

Na sicher. Und wo würdest du dich besser aufgehoben fühlen: In einer Bude, in der hier und da mal was rumliegt, oder in einem klinisch reinen, desinfizierten Showroom, genannt Wohnung?

Sicher in der kreativen Bude.

Na also. Das Prinzip ist immer dasselbe: Es geht nicht um einen perfekten Zustand in sich, es geht immer darum, wie perfekt ist ein Zustand geeignet, um mich zu Gefühlen anzuregen, die mir guttun. Und den anderen guttun. Gute Gefühle machen viel Energie, viel Energie führt zu viel Lebenskontrolle. Und wenn du noch einen draufsetzen willst: Zu viel Abenteuer.

Abenteuer?

Ein Fremdwort für dich?

Nein, aber warum Abenteuer nach der Lebenskontrolle?

Weil du ja nicht genau dein Leben in geplanten Details kontrollierst, du erschaffst mehr eine Gesamtheit der Dinge oder Details, die sich dann aber schlüssig ineinander verzahnen und in ihrer Qualität mit deinem Wesen übereinstimmen. Allerdings weißt du nicht im Detail, was oder wer in dein Leben kommt. Deshalb das Abenteuer. Abenteuer im Sinne von Überraschung und Lebendigkeit. Und jetzt die Fachfrage an einen werdenden Fachmann: Wann kannst du einen Menschen überhaupt nur wahrnehmen?

Wenn ich mich für ihn interessiere?

Sicher. Aber was braucht es, um dich für ihn zu interessieren?

Wie meinst du das?

Solltest du dir dafür Zeit nehmen, oder geht das auch Huschhusch, mal so nebenbei. Am besten noch, wenn du gerade im Stress bist? Die Wohnung saugst?

Was für eine Frage. Natürlich in Ruhe.

Dann wäre es doch wohl zu unterlassen, bei Besuchen oder ähnlichen Zusammenkünften etwas zu unternehmen, was dich in Stress oder Zeitnot versetzt. Ist das Essen rechtzeitig fertig, ist der Hund in der Hütte, die Kinder in ihren Zimmern eingesperrt?! Hast du die neue Lampe denn schon angebracht und den Wasserhahn gedichtet? Was ist mit diesem und jenem, dass noch unbedingt in Ordnung gebracht werden muss, um sich nicht vor dem Besuch zu blamieren?

Ich habe es verstanden. Du willst damit sagen, dass es darauf ankommt, in Ruhe Zeit miteinander zu verbringen.

Nicht nur das. Was ist der eigentliche Grund, warum Menschen zueinanderfinden? So ganz grundsätzlich.

Austausch?

Ja, aber welcher? Bringt es dir was, wenn ihr irgendwo eingeladen seid und der Hausherr hauptsächlich davon spricht, welches Auto er sich gerade bestellt hat und warum. Weil ein Auto heutzutage natürlich supereffizient sein muss, er diese Verantwortung vor der Umwelt in sich spürt und es als Selbstverständlichkeit erachtet, da seinen Beitrag zu leisten. Und ihr schon Beklemmung bekommt, weil ihr in eurem 600 PS Sportwagen vorgefahren seid? Oder seid ihr begeistert, wenn euch die Dame des Hauses erzählt, wie wichtig doch die regelmäßigen Vorsorgeuntersuchungen ihrer Vorzeigekinder sind und ihr wisst, dass sie wissen, dass eure Kinder praktisch noch nie einen Arzt gesehen haben? Sich aber einer ausgezeichneten Gesundheit erfreuen, während oben ihre eingesperrten Kinder zu hören sind, wie sie husten und röcheln? Ist das dein Traum von einem schönen Abend?

Ja, ich will das!

Habe ich mir gedacht. Was ich wirklich glaube ist, dass jeder Mensch gerne so genommen werden möchte, wie er gerade ist. Und vielleicht nicht rumheucheln muss, wenn es ihm gerade mal nicht so gut geht. Denn schließlich sind das Zustände, die sich an einem schönen Abend auch schnell mal aufhellen können, wenn man das Gefühl hat, wirklich willkommen zu sein. Wenn sich der andere für dich oder euch interessiert. Nicht im Sinne einer Ausfragestunde, um das Gehörte beim nächsten Kaffeekränzchen via stille Post weiterzutragen. Einfach weil es um Austausch geht, wie du schon richtig sagtest. Und um Bereicherung. Die ist dann ja ein zwingendes Ergebnis von Austausch. Zumindest dann, wenn nicht nur Meinungen untereinander abgeglichen werden. Weißt du, was der größte Feind der Fantasie ist?

Eine feste Meinung?

Ja, passt schon. Alles, was vorgeprägt ist und was du anstandslos hinnimmst. Wenn du der Meinung bist, dies ist gut, jenes aber nicht und das nächste völlig absurd.

Das geht, das nicht und das andere ist einfach nur halt-los. Die Partei, jene Partei, und natürlich du selber als der, der alles weiß und keine Fehler macht.

Also ich.

Also du. Deshalb klappt es wohl auch nicht so richtig mit deiner Fantasie.

Scheint so. Aber jetzt weiß ich ja, woran es liegt.

Das ist schon so. Und zu was führt ein solches Verhal-ten, eine solche Einstellung?

Sag du es mir.

Das alles baut »Routine« auf. Und die klaut dir zwin-gend Energie. Und zu was das führt, brauchen wir ja nicht mehr erwähnen.

Routine? So was wie Zähneputzen?

So etwas wie Zahnausfall. Manche Menschen würden lieber sterben, als sich einmal am Tag nicht die Zähne zu putzen. Die würde den ganzen Tag Amok laufen und nur daran denken, was sich in ihrem Mund wohl abspielen mag. Unter einem gesundheitlichen Aspekt völlig irrelevant, das mal nicht zu machen. Aber das ist natürlich eine ausgemachte Katastrophe.

Ich hätte damit kein Problem.

Sehr schön. Das ist ja mal ein Anfang. Es gibt noch Hoffnung für dich. Auf der anderen Seite ahne ich jetzt auch, warum du keine Freundin hast.

Dann putze ich sie ab sofort gerne regelmäßig. Wenn es hilft...

Schaden wird es nicht. Aber vielleicht ist nicht die Sauberkeit das Problem, sondern dass sie krumm und schief sind.

Kein Problem, ich lasse den Mund einfach zu.

Schön. So machst du das. Du kannst ihr ja stattdessen Nachrichten auf einem Zettel schreiben. Leben braucht Platz, um sich auszubreiten, Routine schränkt dieses Platz ein. Wenn du etwas fantasierst, was bisher keinen Platz in deinem Leben hatte, zum Beispiel das Gefühl von Leichtigkeit, dann führt das ja automatisch dazu, dass die Stimme des Verstandes darüber wettert, dass sie ja ganz andere Erfahrungen gemacht hätte. Das Leben sei eben nicht leicht, das Leben ist kein Zuckerschlecken und alles will hart erarbeitet werden. Im Übrigen schenkt dir niemand etwas und das Schicksal ist so anzunehmen, wie es dir gegeben wurde. Und wenn du das nicht aushältst, dann gehe sonntags in die Kirche und bete. Vielleicht erhört dich ja der Herrgott. Aber sicher nur dann, wenn du frei von Sünde bist.

So, wie der Pfarrer selber.

Lass mal schön den Pfarrer in Ruhe. Kümmere dich lieber mal um dich selber. Oder in diesem Fall um diese obskure Stimme. Woher sie kommt, ist ja mittlerweile klar, aber was sie anrichtet, hoffentlich auch.

Sie ist mein Gegenspieler?

Ganz sicher. Das ist die Instanz, die dir in die Suppe spucken kann und wird, wenn sie die Gelegenheit dazu bekommt. Und wann hat sie die Gelegenheit?

Immer?

Immer dann, wenn dein anderer Plan nicht aktiv ist. Du deiner Stimme des Herzens nicht lauscht oder lauschen kannst. Und wann ist das?

Was meinst du?

Immer dann, wenn du in deinem Alltag unterwegs bist. Oder ich könnte auch sagen: Gefangen bist. Denn der besteht in der Anfangsphase ja fast ausschließlich noch aus Komponenten deiner Vergangenheit. Kontostand: Katastrophe. Gesundheit: Angegriffen. Partnerschaft: Chaos. Arbeit: Mühsal. Kinder: Außer Rand und Band. Und so weiter. Du befindest dich also nach wie bevor in Feindesland. Zumindest in Bezug auf das, was du anstrebst. Wenn diese Vision nicht wäre, hättest du nur ein ganz normales, durchschnittliches Leben, das mit ein wenig Geduld und Leidensfähigkeit irgendwann vorbei ist. Aber du hast dich ja für etwas anderes entschieden. Und Zack: Wird das ganze Ausmaß deines Lebens sichtbar. Ein Saustall! Da musst du erstmal durchkehren, wischen, aufräumen. Und zuletzt kommt Farbe an die Wand.

Ich empfehle ein fröhliches Mausgrau.

Ich tendiere zu Steingrau. Ist gerade in Mode, auch als Fassadenfarbe. Schlimmer gehts nimmer.

Lieber Rosa?

Was auch immer es ist, wenn es deine Gefühle unterstützt, die du entwickeln möchtest, ist es gut. Bei Steingrau ist der Fall eben auch klar.

Was wäre das?

Kurz vorm Sterben.

Aber manche kleiden sich ja tatsächlich vornehmlich in Schwarz. Dann müssten die ja schwer zu kämpfen haben bezüglich ihrer Gefühle und Lebenserwartung...

Das kommt tatsächlich ganz darauf an. Wenn du beispielsweise sehr kreative Menschen hast, die den ganzen Tag in einem Schaffensprozess sind, dann ist das viel-

leicht zu viel für die, wenn sie sich am Abend noch ein knallrotes Hemd anziehen. Die müssen erstmal runterkommen, den Geist sich beruhigen lassen. Da sind dann ruhige Farben eher von Vorteil. Im Extrem vielleicht sogar Schwarz. Es geht da nicht um gut oder schlecht. Eher um passend oder unpassend hinsichtlich der Wirkung, die du erzielen willst. Wenn du vielleicht nicht so sehr in die Gänge kommst, deine Fantasie schlapp in der Ecke hängt, dann kannst du gerne etwas fröhliches anziehen, etwas Knalliges.

Gelb.

Von mir aus.

Steht mir nicht.

Nicht so wichtig. Außerdem: Wer meinst du, sagt das?

Mein ausgeprägtes, ästhetisches Gefühl?

Oder die Stimme der Vernunft? Sie will nicht auffallen, sie hält sich lieber im Hintergrund. Ist bescheiden, intellektuell, dafür aber überlegen. Zumindest den Spinnern, die ein großes Maul haben und gelbe Hemden tragen. Auffallen um jeden Preis? Armselig!

Das könnte so eine Stimme sagen.

Das wäre nicht zufällig auch deine?

Niemals. Meine Stimme habe ich unter Kontrolle. Die tanzt schon lange nach meiner Pfeife.

Na schön. Dann wäre das ja auch geklärt. Vielleicht ist es tatsächlich besser, du bleibst bei Oliv und Braun.

Denke ich auch.

Also das mit der Routine ist schon ein ganz schöner Hammer. Vielleicht gönnt ihr euch ja mal den Spaß und schreibt alles auf, was immer wiederkehrend ist in eurem Leben. Egal, was es ist. Ob es auf den ersten Blick Sinn macht oder nicht. Auch Zähneputzen.

Duschen auch?

Auch solche Dinge, auf die du selber bekanntermaßen keinen Wert legst.

Quatsch. Mir fehlt nur die Gelegenheit.

Und wenn ihr die Liste fertig hab, stellt euch vor, was passieren würde, wenn ihr Dinge davon streicht. In welche Gefühle, in welche Stimmung kommt ihr dann? Und wenn ihr ganz mutig seid, dann putzt euch morgen früh mal keine Zähne, oder verzichtet, auf die Nachrichten. Oder ihr geht mal aus dem Haus, ohne zu kontrollieren, ob irgendwo noch Licht brennt.

Also ein echtes Abenteuer.

Bestimmt. Und wenn ihr das nicht schafft, aus welchen Gründen auch immer, registriert ihr das ebenso. Und wichtig bei allem: Keinen Stress. Das soll mehr ein Spiel sein. Was bekommt ihr hin, was nicht und wie geht es euch damit.

Und was soll das alles?

Festzustellen, wo ihr steht.

Aber ist das nicht kontraproduktiv? Ich meine, da entstehen bestimmt Gefühle, die ich nicht haben will und die sicherlich nicht geeignet sind, mein Leben voranzubringen.

Das stimmt schon. Allerdings sind diese Gefühle sowieso da. Nur im Unterbewussten. Wenn sich ein Mensch ein Korsett angelegt hat, aus inneren und äußeren Abläufen, dann hindert ihn das daran, überhaupt einen Schritt in Richtung Selbstbestimmtheit zu gehen. Dann bleibt eh alles, wie es ist. Tritt ein Mensch aber an einer Stelle heraus, vielleicht an der »Einmalnichtzähneputzenstelle«, dann hat er mal eine Referenz für seinen Zustand.

Dann bin ich also frei.

Du hast vielleicht andere Dinge, die du nicht lassen kannst. Obwohl sie nachweislich deine Entwicklung behindern.

Zu wenig Alkohol. Sonst würde ich mehr Dinge machen, die ich sonst nicht täte.

Das hat aber nichts mit einer positiven Kreativität zu tun. Im Übrigen vernichtest du damit wahrscheinlich deinen nächsten Tag. Und so auch Energie, die du für dein Leben brauchst.

Spielverderber.

Vernichte mal lieber Dinge, die dir eine Last sind. Du hast sowieso keine andere Wahl. Willst du neue Dinge, neue Menschen in dein Leben bringen, dann hast du ja nur ein bestimmtes Kontingent an Zeit pro Tag zur Verfügung. Und alles, was dir Energie klaut, was Zeitfenster blockiert, muss demnach rausfliegen. Sonst kannst du keine Dinge in dein Leben einladen, mittels deiner Fantasie, die dir guttun. Du kannst eben nicht beides haben. Nicht dein altes Leben weiterleben und darauf hoffen, dass der liebe Gott so gnädig ist, und Geschenke von Himmel schickt.

Schade.

Ich weiß, dass das lange Zeit dein Plan war.

Ruhe bitte! Aber wenn ich eindringlich um Hilfe bitte? Also bete? Von mir aus auch in der Kirche?

Dann soll was passieren?

Dass ich erhört werde?

Du wirst immer erhört. Jeder einzelne Buchstabe.

Und?

Das Ergebnis meinst du?

Ja?

Das kommt darauf an, um was du bittest. Wenn du um Kraft bittest, dein Leben neu auf die Beine zu stellen, dann dürfte sich der »liebe Gott« eher um deinen Wunsch kümmern, als wenn du ihn um Geld und Gesundheit anflehst. Oder darum, deine frechen Kinder zurechtzuweisen.

Also selbst ist der Mann?

Oder die Frau. Dein Gebet, wenn du es denn für notwendig erachtest, stellt ja eine Verbindung zu deiner Seele dar. Nur weiß sie selber ganz genau, in welcher Verfassung du bist, welche Probleme du hast, noch bevor du einen Pieps gesagt hast. Ergo, kannst du dir die ganze Sache auch sparen.

Keine Gebete?

Das musst du selber wissen. Manchmal tut es ja auch gut, sich selber sprechen zu hören, was einen bedrückt.

Manche meinen ja bis zuletzt, keine Probleme zu haben, wo in ihrer Umgebung schon der letzte Depp bemerkt hat, was alles im Argen liegt. Für solche Menschen kann das eine Befreiung sein, sich nichts mehr vorzulügen.

Also mehr Selbstermächtigung?

Ja sicher. Und vielleicht wäre es möglicherweise sinnvoller, nicht zu bitten, sondern eher eine Aussage zu machen.

Welche beispielsweise?

Was du in Zukunft vor hast. Welche Ziele du verfolgen möchtest. Und trotzig kannst du dann noch anfügen, dass du genau das unter allen Umständen machen wirst, ob dich deine Seele nun aktiv unterstützt dabei oder auch nicht. Du wirst dich von nichts und niemanden aufhalten lassen. Noch nicht einmal von dir selber.

Genau. Wenn sich meine Seele so lange nicht mehr bei mir gemeldet hat, braucht sie das kurz vor meinem Triumph auch nicht mehr zu tun. Viva Myself!

Gehe mal kurz an die frische Luft...

Das war Spaß.

Ich weiß. Allerdings steckt hinter diesem Spaß auch eine Sache, die nicht zu unterschätzen ist.

Welche?

Wenn du das so sagst, dass du deine Seele nicht dafür brauchst, um erfolgreich zu sein, stärkst du dich selber. Du machst dich weniger zum Opfer, das gerne im Zweifel auf die Hilfe seiner Seele zurückgreift. Oder hofft, sie könne gleich einfach mal die ganze Arbeit machen, wenn sie schon mal dabei ist.

Richtig. Schließlich hat sie ja genug Energie.

Das in jedem Fall. Aber ihre Energie ist sozusagen auch in tausenden von Leben unterwegs, die du und andere im Grunde parallel führt. Und wenn sie dort überall verschwenderisch wäre, immer wieder nachschießt, wenn du sie beizeiten mit irgendwelchem Blödsinn vernichtest, dann hat sie irgendwann keine Eigene mehr. Zumindest theoretisch.

Du sprichst gerade von mehreren Leben, die wir führen würden?

Bemüh dich nicht. Darüber werde ich in diesem Buch nichts erzählen. Das gehört nicht hierher, passt nicht wirklich zum Thema. Möglicherweise spreche ich das mal später in einem anderen Zusammenhang an. Vielleicht wenn es darum geht, welche Möglichkeiten wir außer unserer Fantasie noch haben, unser Leben zu bereichern.

Das ist unbefriedigend.

Von mir aus. Pech gehabt. Ich werde dir aber mitteilen, wenn es so weit ist.

Immerhin. Was ich aber noch fragen wollte im Zusammenhang mit der Fantasie...

Bitte.

Wenn ich, du weißt es, eine Vorliebe habe für Dinge, die tendenziell die Umwelt belasten, ist es denn dann angebracht, sie mir wirklich per Fantasie zu wünschen? Ich denke da an die Verbindung von Herzenswunsch, damit auch Seelenwunsch, dann aber auf der anderen Seite die Fragilität der Erde, der Schöpfung, etc. Weißt du, was ich meine?

Ein wenig holprig ausgedrückt, aber ich denke, ich weiß, was du meinst. Du denkst, du dürftest dir nichts wünschen, was der Schöpfung im Prinzip schadet. Oder?

Ja.

Das ist sicherlich ein Thema. Aber: Wenn du grundsätzlich jemand bist, der in Richtung Freiheit geht, dann bist du auch jemand, der Stück für Stück sein Energieniveau erhöht, also destruktive Sachen entfernt, lebensspendende hinzufügt. Wir erinnern uns. Allein dadurch führst du der Schöpfung ja schon Dinge zu, du erschaffst Energie. Und wenn du diese Energie noch einmal steigern kannst, indem ihr euch einen Sportwagen kauft, wohlgemerkt von deinem oder eurem eigenen Geld, und ihr euch ein Loch in den Bauch freut, damit zu fahren, es zu betrachten und es einfach nur zu lieben, dann wird die »Schöpfung« das genauso positiv aufnehmen. Selbst bei einer mäßigen CO 2 Bilanz. Jedes Ding hat zwei Seiten. Wenn du dich auf die Freude fokussierst, dann ist die Abgasbilanz zwar nach wie vor bescheiden, die Freude und Energiebilanz aber ganz ausgezeichnet. Verstehst du, was ich meine?

Ist das ein Freibrief?

Das musst du doch selber wissen. Manche Menschen freuen sich eher über ein supereffizientes Auto. Tüfteln vielleicht selber noch daran herum, um es noch umweltfreundlicher zu machen. Das ist doch super. Das hilft genauso, wie deine Freude über Form und Kraft eines Autos. Ich denke, Neid ist hier nicht angebracht. Schließlich hast du ja schon vielen Menschen irgendwie bei irgendetwas geholfen. Ansonsten hätten sie dir ja nicht im Austausch Geld gegeben, mit dem du das Auto bezahlen wirst. Also steckt sogar Freude im Geld, das dann der freundliche, freudig erregte Porsche-Händler bekommt.

Winwin.

In jedem Fall. Wichtig ist bei allem, was du kaufst und machst, dass es dich freut. Viel Geld auszugeben für

Dinge, die dir nichts bedeuten, ist in meinen Augen Geldverschwendung. Und somit Energieverschwendung.

Was könnte das denn sein?

Beispielsweise kaufst du dir ebenfalls ein teures Auto, aber nur deshalb, weil es deinem gesellschaftlichen Status entsprechen soll. Es ist sozusagen sinnbefreit. Unterfüttert lediglich eine gespielte, vielleicht hohle Rolle. Dann hättest du das Geld besser gespendet. Vielleicht für ein Kinderheim, wo es die Freude von Kindern potenziert hätte.

Macht Sinn.

Du kannst ja auch jederzeit etwas abgeben. Also wenn du das Gefühl hast, vom Leben beschenkt zu werden, dann bist du ja frei, ebenfalls etwas zu verschenken. Du musst aber nicht. Entscheidend ist vielleicht auch hier das Minimax-Prinzip. Wenig Geld für viel Freude ist geschickter als viel Geld für wenig Freude. Oder sogar für das Gegenteil von Freude.

Macht Sinn.

Wie schön. Weitere Fragen?

Tatsächlich ja.

Na dann los.

Wenn ich nun doch Zweifel habe bezüglich der Fantasieübungen? Dass sie Gefühle in mir erzeugen, ist mir mittlerweile klar. Aber irgendwie bin ich trotzdem unsicher, ob diese dann tatsächlich meine Realität formen.

Ist ja nicht unbegründet, dieser Einwand. Bezüglich der Wirkung habe ich ja schon einiges gesagt. Natürlich kann man anzweifeln, dass Gedanken und besonders auch die Gefühle dafür verantwortlich sind, wie mein Leben verläuft. Nur dann müsste ich ja auch eine Theorie haben, nach welchen Gesichtspunkten, nach welchen Mechanismen, es denn dann alternativ funktioniert.

Gottesstrafe?

Das hatten wir ja schon. Wenn du also fest an so etwas glaubst, dann kann ich daran auch nichts machen. Dann lege das Buch zur Seite, Respekt, dass du dich überhaupt interessiert hast und bis hierher am Ball geblieben bist. Die nächste Option wäre, dass es keine Strafe ist, aber eben Zufall. Einen Schöpfer gibt es nicht, wohl aber, wie bereits erwähnt, eine »Natur«, die sich vielleicht zufällig entwickelt hat und nun genauso zufällig mein Leben kreiert hat. Und ich kann jetzt irgendwie schauen, was ich damit mache. Konsequenzen hat es sowieso nicht, ob ich jetzt nun den größten Mist baue, oder zu einem Heiligen werde. Ich entscheide das vielleicht jeden Tag neu, gerade, ob ich mich morgens zerstörerisch, oder heilig fühle. Was gäbe es noch für Varianten?

Ehrlich gesagt, fällt mir keine wirklich Neue ein.

Ich habe gerade auch keine Idee. Aber vielleicht gibt es ja weitere Ideen, wie es denn alternativ funktioniert. Ich selbst brauche mich ja nicht mehr zu überzeugen, versuche aber doch möglichst schlüssig und logisch aufzuzeigen, wie es sich verhält. Mir ist es aber auch am Ende egal: Ich kann nicht alle und alles befriedigen. Die Buchhandlungen sind übrigens voll mit sehr vielen weiteren Titeln, da mag man fündig werden.

Und nun?

Nun wäre es nach langen Ausführungen vielleicht hilfreich, sich zu überlegen, wie rein praktisch gesehen meine Übungen aussehen könnten. Und da habe ich zufällig eine sehr gute Idee.

Ach ja?

Jede Übung, so auch diese, steht und fällt ja mit der Motivation. Und wenn ihr vorsichtshalber meinen Ausführungen glauben schenkt, sie zumindest nicht gänzlich absurd findet, dann habt ihr euch vielleicht schon entschieden, das mal zu versuchen. Vielleicht aus Verzweiflung, vielleicht aus Langeweile, vielleicht aber auch deshalb, weil euer Lieblingsklub abgestiegen ist, nicht mehr im Fernsehen erscheint und ihr freie Spitzen habt.

Nur aus diesem Grunde bin ich überhaupt dabei.

Also egal warum, entscheidend ist, wie ihr diese Übungen plant. Denn alles, was sie stört, bis hin zum Totalabbruch, kostet wertvolle Energie, die ihr ja genau für eine Kehrtwende in eurem Leben brauchen würdet. Jetzt ist die Fantasie besonders anfällig für eine Sache: Weißt du welche?

Keine Zeit zu haben?

Sicher auch das. Aber im Grunde besonders für die, wir erinnern uns abermals, die Stimme meines Verstandes. Die sich natürlich pausenlos lächerlich macht über den ganzen Nonsens, dabei aber gar nicht merkt, dass sie es zu verantworten hat, weshalb schon so viel Energie und Freude aus meinem Leben gewichen ist. Wie dem auch sei: Dort gilt es achtsam zu sein. Diese »Verstandesattacken« verbittet ihr euch von vornherein. Und wann ist der Verstand immer besonders stark?

Du meinst zu welcher Tageszeit?

Ja?

Also sicherlich den ganzen Tag über, wenn ich arbeite.

Richtig. Dann habe ich ohnehin keine Zeit. Ich muss also eine Zeit finden, wann der Verstand langsam runterfährt, weil er gerade nichts zu tun hat. Wann wäre das voraussichtlich?

Abends? Nach Feierabend?

Ja passt. Da musst du nicht mehr ganz so viel ackern, dann kommt eher mal eine Relaxphase, gerne auf dem Sofa mit Bild- und Tonbeschallung.

Kein Fernsehen mehr?

Zumindest keines, was den Inhalten, die ihr in eurer Fantasie aktivieren wollt, zuwider läuft.

Macht Sinn. Also Mickymaus und Rosaroter Panther anstatt Tatort und Nachrichten?

Richtig. All das, was euch in eine gelöste, freudvolle Stimmung versetzt. Wenn es denn schon Fernsehen sein soll.

Und dann?

Die beste Zeit für eure Übung ist sicher die Zeit, kurz vor dem Schlafengehen. Da ist alles zur Ruhe gekommen, der Stress hat sich gelegt und der Körper ist entspannt.

Schön wäre es.

Zumindest gibt es keine Zeit, wann ihr entspannter wäret. Wenn das aber ein Thema sein sollte, dann hilft ja vielleicht auch vorher Sport, ein Spaziergang in der Natur mit deiner Liebsten, oder was auch immer. Wichtig ist nur, dass ihr zu Beginn, während und nach der Übung ungestört seit.

Logisch.

Denn Sinn und Zweck ist es, die Gefühle, die durch eure inneren Bilder entstehen, zu kompensieren, damit sie möglichst lange anhalten und damit wirksam sind.

Wie denn?

Indem ich sie mit in den Schlaf nehme...

Ich soll einpennen?

Ja, aber erst, wenn du die Gefühle aufgebaut hast. Bitte nicht schon vorher.

Das würde ich, glaube ich, gar nicht schaffen. Sobald ich liege, schlafe ich auch schon.

Kein Wunder, dass du keine Freundin hast.

Stimmt, es liegt gar nicht an meinen schiefen Zähnen.

Du solltest zum Beispiel vermeiden, dich abends beim Essen vollzustopfen, dass du schnell zu müde wirst und einschläfst. Gleichwohl solltest du vielleicht auch nicht zu aufgekratzt sein, dass du erst Stunden nach der Übung schlafen kannst und damit Zeit hättest, wieder ins Grübeln zu kommen. Das musst du selber mal testen, wie es gehen kann. Vielleicht auch nicht zu flach hinlegen, dann schläfst du vielleicht zu schnell ein, es mal mit einem dicken Kissen probieren, was du dir in den Rücken schiebst.

Nur mal kurz zwischen durch: Wenn ich doch mal eine Freundin haben wollen würde, eventuell, vielleicht, dann liegt sie möglicherweise neben mir. Und fragt mich vielleicht dauernd irgendwelche Sachen...

Du meinst unwichtiges Zeug, beispielsweise, ob du sie liebst?

Ja sowas. Oder auch andere Dinge, die ich nicht beantworten kann...

Also, möglicherweise gibt es ja Menschen, die einigermaßen verträglich sind und einen Partner haben. Und vielleicht gibt es ja auch die ein oder andere Situation, wo der Partner möglicherweise Teil meines Problems ist, oder sein könnte. Dann ist hier natürlich Fingerspitzengefühl gefragt. Es sei denn, mir ist die Situation völlig klar und bevor ich überhaupt die erste Übung mache, setze ich meinen Partner an die Luft. Oder gehe selber.

Und wenn das nicht so klar ist?

Der Idealfall wäre natürlich, beide sind sich einig, dass sie den Weg der Freiheit gemeinsam gehen möchten. Dann wäre das sicherlich kein Problem, nebeneinander die Übung abzuhalten.

Und wer zuerst einschläft, verliert.

Wenn dem aber nicht so ist und ich schon aus Erfahrung weiß, dass mein Partner zwar ein netter Typ ist, er aber von Hokuspokus und den unbegrenzten Möglichkeiten der menschlichen Seele so gar nichts wissen will, dann habe ich aus meiner Sicht zwei Möglichkeiten: Die erste: Ich informiere ihn sachlich über mein Vorhaben. Dass ich in der nächsten Zeit eben diese Zeit vor dem Einschlafen für mich brauchen werde. Alle weiteren Wünsche und Anliegen sind demnach vorher zu erledigen, wenn ich dies denn möchte.

Also zusammen noch einmal die Modelleisenbahn aufbauen.

Beispielsweise. Die zweite Variante wäre: Ich verziehe mich, wenn das räumlich geht, in ein anderes Zimmer und richte es mir mit einem Schlafplatz entsprechend nett her. Da kann ich dann ungestört einschlafen und später, wenn ich denn will, noch einmal dorthin wechseln, wo mein Partner über seiner Fernbedienung eingeschlafen ist. Mit anderen Worten: Ich ziehe es durch, egal was im Außen los ist. Ich finde eine Lösung.

Sehr gut.

Ich möchte noch etwas zum Thema Einschlafen sagen.

Bitte...

Ich wähle diese Variante, weil ich möchte, dass meine Gefühle mich dorthin begleiten, wo sich Zeit und Raum auflösen.

Was meinst du damit?

Wenn wir einschlafen, dann sind wir ja bekanntermaßen nicht tot. Aber irgendwie sind wir auch nicht wirklich da. Zumindest nicht in unserem alltäglichen Bewusstseinszustand.

Es sei denn, wir werden geweckt.

Dann gibt es direkt was hinter die Löffel.

Ich würde mich gerne wecken lassen von jemandem, die...

Du bist scheinbar völlig unterversorgt. Am besten, du nutzt gleich mal deine Fantasieübung, um eine passende Partnerin anzuziehen.

Wenn ich jetzt niveaulos wäre, würde ich fragen, ob »auszuziehen« auch eine Option wäre...

Aber weil du das natürlich nicht bist, fragst du was?

Meine Frage wäre: Wer würde denn tatsächlich zu mir passen?

Das ist eine sehr gute Frage. Ich könnte ja jetzt sagen, jemand, der deinem unvergleichlichen Niveau gewachsen ist. Aber in deinem Fall muss ich es auch gar nicht wissen.

Und wenn du eine solche Frage noch nicht einmal beantworten kannst oder willst, wie soll ich es können?

Das musst du gar nicht.

Doch, ich sollte.

Nein.

Warum?

Weil du bereits eine Freundin hast.

Sicher nicht.

Doch, du hast sie bereits jetzt. Allerdings ist sie noch gar nicht da.

Was soll das?

Sie existiert bereits in deinem Energiefeld. Und das kann ich zufällig lesen.

Ich merke nichts.

Dein üblicher Zustand. Aber du kannst das auch gar nicht merken, es sei denn, du wärest sehr feinfühlig...

Was ich im Grunde ja bin.

Natürlich.

Machst du jetzt trotzdem einen Witz?

Nein.

Und jetzt? Was soll ich sagen? Oder fragen?

Nichts. Ich wollte es nur mal erwähnt haben. Mehr nicht.

Aber warum?

Weil ich darstellen möchte, wie Zeit, beziehungsweise Zeitlosigkeit hier auf der Erde funktioniert. Und welchen Einfluss sie auf eure Gefühle aus der Übung hat.

Und wie funktioniert sie?

Ihr nehmt die Gefühle mit in den Schlaf. Ihr schlaft sozusagen mit einem Lächeln ein. Jetzt passiert Fol-

gendes: Sekundenbruchteile, nachdem ihr eingeschlafen seid, entfernt sich euer Bewusstsein vom Körper. Wenn du so willst, geht es oder ihr, auf Reisen.

Wohin?

Das kommt ganz darauf an.

Auf was denn?

Auf zu viele Umstände, um schnell mal erläutert werden zu können.

Aber vielleicht so ganz grob?

Eine Variante wäre, ihr habt Probleme mit gewissen Dingen in eurem täglichen Leben. Und das schon eine ganze Weile. Nun haben wir ja unlängst darüber gesprochen, dass viele Menschen sich dann und wann Probleme kreieren, die sie so leicht nicht mehr loswerden. Würde man das dauerhaft so lassen, wäre ein Kollaps vorprogrammiert. Nun hat es eure Seele aber so genial eingerichtet, dass ihr wenigstens im Schlaf Zugang zu Problemlösungen bekommt, auf die ihr wachbewusst keinen Zugriff hättet. Ihr sammelt nachts also teils abstrakte Informationen, Lösungsansätze, teils zusammen mit eurer Seele, versucht im Grunde, in einer zeit- und raumlosen Umgebung das zu tun, was euch auf der Erde nicht möglich erscheint. Du musst dir vorstellen, dass du im Schlaf wieder einen größeren Überblick über dich

*und deine kleine Welt auf der Erde bekommst. Und das
versuchst du zu nutzen.*

Und was mache ich mit meinen Gefühlen? Was passiert
mit ihnen, wenn ich mit ihnen dorthin gehe?

*Es sind ja im Grunde nicht »meine« Gefühle. Gefühle
sind nicht personalisiert. Sonst würden sich die Menschen ja auch noch um ihre Gefühle streiten.*

Also mir gehört natürlich die »Liebe«.

*Natürlich. Wem sonst?! Nur mit der Einschränkung,
dass die Liebe kein Gefühl ist.*

Was soll sie denn sein?

*Ein Zustand. Ein Zustand, in dem du sein kannst. Oder
eben auch nicht. Oder teilweise.*

Aha. Was macht den Unterschied zu einem Gefühl aus?

Ich würde die Frage lieber anders beantworten wollen.

Wie?

Was ist die »Liebe«?

Hast du denn so viel Zeit, dass zu erklären?

Du meinst, das Buch wird zu dick?

Egal. Was ist denn die Liebe?

Die Liebe ist das totale Verständnis einer Sache oder eines Menschen.

Mehr nicht?

Warum? Was denn noch?

Romantik, Herzklopfen, Gagazustände?

Du verwechselst etwas.

Was mit wem?

Was du beschreibst, ist das »Verliebtsein«. Das hat aber nur sehr am Rande etwas mit der Liebe zu tun.

Mit was denn sonst?

Damit, etwas zu begehren, etwas haben oder besitzen zu wollen. Viel mehr nicht.

Und wenn ich jemandem sage, ich liebe ihn, dann ist das nicht mehr als das?

Kommt darauf an.

Worauf?

Ob du denjenigen, diejenige tatsächlich liebst, das heißt, ob du sie tatsächlich umfänglich kennst, weißt, wie sie tickt, warum sie so tickt und wie sie alternativ auch ticken könnte. Wenn du alles über sie weißt, auch Dinge, die so ohne weiteres nicht sichtbar sind.

Was könnte das sein?

Du solltest dann eben auch wissen, wie sie ticken könnte.

Was meinst du?

Du solltest ihr Wesen kennen. Sozusagen in ihr Herz schauen. Wenn wir mal bei deiner Freundin bleiben wollen.

Die ich nicht habe.

Die du noch nicht hast, die aber sehr wohl schon da ist. Wenn du das kannst, dann kannst du auch sagen, dass du sie liebst. Die andere Variante wäre, dass du ihr sagst, dass du sie haben möchtest. Oder bestimmte Dinge von ihr haben möchtest. Das, was dir eben gefällt. Den Rest kann sie behalten.

Verstehe. Aber wie soll man denn jemanden wirklich lieben können, wenn ich mir noch nicht einmal unseren

Partnertag merken kann?

Gute Frage. Indem man sich vielleicht für den anderen interessiert? Vielleicht möchte man den anderen ja erforschen, um ihn dann berühren zu können? Was er mag, was nicht und warum nicht, welche Möglichkeiten er hat im Leben, was ihm vielleicht noch im Weg steht und so weiter. Wenn dich das nicht interessiert, dann musst du auch nicht mit ihm zusammen sein.

Schon klar. Trotzdem kann ich mir nicht vorstellen, ich würde es schaffen, ihr Wesen zu erforschen.

Warum nicht?

Wie soll ich das machen?

Weil es nirgendwo geschrieben steht?

Genau.

Wenn du die Absicht hast, jemanden zu berühren, dann wirst du schon feststellen, auf was er reagiert. Und das genau ist folglich in seinem Wesen verankert. Seine Sehnsüchte. Wenn du eine dieser Sehnsüchte in Schwingung versetzt, wenn ich das mal so ausdrücken darf, dann musst du gar nicht genau den Wortlaut kennen, der sich dahinter verbringt. Es reicht die Tat. Und du kannst so viele Taten, zu so vielen Sehnsüchten deiner Partnerin folgen lassen, wie du willst. Es ist zumeist eh so, dass vieles, von dem, was du oder jemand anderes auslöst, gar nicht von demjenigen selbst als Sehnsucht erkannt wurde. Aber du bringst sie darauf. Das ist natürlich mehr als wundervoll für euch beide.

Verstehe. Ich muss jetzt gerade mal durchatmen.

Atme ruhig und gelassen, ich mache derweil mal weiter.

Bitte...

Das war ja nicht das, auf was wir hinaus wollten. Es ging ja um das, was mit den Gefühlen im Schlaf passiert. Die Gefühle gehören also nicht euch, ihr benutzt sie vielmehr als eine Art Vehikel, um mit ihnen euer Leben zu prägen. Beziehungsweise euer Energiefeld, das wiederum euer Leben prägt.

Energiefeld?

Weilst du wieder unter den Lebenden? Hast du ausreichend geatmet?

Was meinst du mit Energiefeld?

Jeder Mensch hat um sich herum ein Energiefeld. Habe ich das noch nicht erwähnt?

Nein.

Ach du meine Güte! Na dann aber schnell und nur das Wichtigste: Der Mensch hat um sich herum, also um seinen Körper, ein Energiefeld. Manche nennen das auch die »Aura«. Das ist allerdings sehr komplex und uns interessiert zunächst nur, was unsere Gefühle und natürlich unsere Gedanken mit diesem Feld machen.

Was wäre das?

Wenn wir uns mal ganz vereinfacht vorstellen, dass dein aktuelles Energiefeld eine blassblaue Farbe hätte. Dann würde diese Energie mit dieser Farbe in die Welt ausstrahlen und nach einem Resonanzprinzip entsprechende Ereignisse und Personen anziehen. Unabhängig davon, ob du das nun für gut oder schlecht befindest. Es passiert einfach. Wenn du jetzt aber feststellst, dass diese bläulich gefärbten Personen und Ereignisse dir gar nicht guttun, weil dein Wesensfeld eher rot bis orange ist, schmiedest du einen Plan, dein Energiefeld umzu-färben. Mehr in Richtung deines Wesens.

Gute Idee.

Wie machst du das?

Fantasieübung!

Mit Hilfe deiner Fantasie erzeugst du rote und orangene Gefühle, die mit der Zeit deine Körperenergie umfär-ben, beziehungsweise ergänzen. Das ist schon mal toll, aber es dauert. Jetzt bist du aber ein cleveres Kerlchen und hast dir im Buchhandel ein Buch gekauft, was beschreibt, wie du mit Hilfe der Zeitlosigkeit diese » Wartezeit « erheblich verkürzen kannst. Nämlich indem du deine Gefühle in die Zeitlosigkeit, sprich deinen Schlaf, entführst. Dort können sie wesentlich intensiver und schneller ihre Entsprechungen anziehen und schwuppsdiwupps, hast du deine Freundin schon auf dem Arm.

Hoffentlich ist sie nicht zu schwer.

Sie ist eher ein Leichtgewicht.

Wie bitte?

Sollte ich das nicht sagen? Stehst du eher auf Frauen jenseits der 80 Kilogramm? Dann hättest du Pech...

Das meine ich nicht. Du kannst doch keine Details hier in diesem Buch nennen.

Habe ich doch gar nicht. Wie viele Frauen kommen entsprechen meiner Aussage wohl in Frage? Allein in Deutschland ein paar Millionen? Oder ist das jetzt schon zu sehr eingeschränkt?

Na schön. War vielleicht nur ein Reflex von mir.

Es können und sollten in der Fantasieübung ja auch andere Themen angesprochen werden, nicht nur die Partnerschaft.

Beruf wäre sicher wichtig, Gesundheit, Wohnsituation und vieles mehr. Aber es ist natürlich legitim, dort anzufangen, wo die Sehnsucht am größten ist. Oder die Verzweiflung. Was am Ende vermutlich auf dasselbe rauskommt.

Und wenn ich nicht so wirklich gut darin bin? Ich meine, mir innere Bilder vorzustellen?

Gute Frage und komme ich gleich dazu. Aber noch einen Satz zum Thema »Zeitlosigkeit«: Das berührt ja nun Dinge, die so nicht immer nachzuvollziehen sind. Auch wenn wir im Schlaf genau diese Erfahrung von Zeitlosigkeit machen, wir können beispielsweise beliebig in der Zeit reisen, so wissen wir nach dem Aufwachen nichts mehr davon. Unser alltäglicher Bewusstseinszustand verschluckt diese nächtlichen Erfahrungen sofort.

Also eher Unbewusstseinszustand.

Ja, wenn du so willst. Beispielsweise könntest du so auch deine zukünftige Freundin oder Freund besuchen, dich mit denen austauschen etc.. Die hält sich da genauso auf. Das wäre im zeit- und raumlosen Bereich ebenfalls möglich.

Klingt interessant. Die Frage ist nur, was ich davon hätte.

Oder auch sie. Ihr könntet Absprachen treffen, euch irgendwo verabreden, Pläne schmieden für eure gemeinsame Zeit auf der Erde. So was halt.

Und?

Was und?

Passiert das auch? Ich meine nicht bei mir, sondern bei anderen, die sich noch nicht kennen?

Natürlich. Am laufenden Band. Denkst du, es wäre Zufall, wenn dein zukünftiger Freund auf einmal hinter dir an der Supermarktkasse steht? Oder sie dir im Bus auf die Füße tritt?

Ich dachte...

Denken ist tatsächlich Glücksache. Und du scheinst selten Glück zu haben, kann das sein?

Finde ich nicht. Ist nur schwer zu glauben.

Das mag sein. Aber das alles erlebst du jede Nacht im Schlaf. Und noch viel mehr. Also machst du ja real diese Erfahrungen, die du nicht glaubst. Da kannst du mal sehen, wie beschränkt der hochgelobte Verstand ist.

Der Verstand wird wohl wichtig sein, sonst hätten wir keinen.

Du beweist doch gerade das Gegenteil.

?

Schon gut. Aber doch nur, um komplexe Zusammenhänge aus verschiedenen Richtungen sinnvoll miteinander zu verknüpfen. Als Ratgeber zur Lebensplanung ist er in den allermeisten Fällen unbrauchbar.

Weil?

Er sich, ich wiederhole mich gerne, auf die Expertise seiner erlebten Vergangenheit beruft. Diese Erfahrung gleicht er mit einer Situation in der Gegenwart ab, rechnet das Ganze einfältig hoch und kommt zu dem Ergebnis: Bloß nicht umziehen, keinen Partnerwechsel, weil unsicher und lästig. Wer weiß ob ich überhaupt eine neue Bleibe finde und einen Partner, der mich anschließend will. Bleibe lieber da, wo du jetzt bist. Das ist vielleicht nicht toll, aber besser als nichts.«

Wo er Recht hat, hat er Recht.

Zurück und abschließend zur Zeitlosigkeit: Wir nutzen sie einfach, damit sich eure Gefühle frei und ungehindert ausbreiten können. Die Hürde der Zeit fällt weg.

Warum überhaupt Hürde?

Die Zeit ist deshalb eine Hürde, weil sie Energie frisst. Mal ganz einfach ausgedrückt.

Warum tut sie das? Und wohin fließt die Zeit?

Alles eher etwas für später mal. Aber nur ganz grob: Die Zeit wurde hier in unserer Erlebniswelt, in dieser Dimension eingebaut, um intensive Erfahrungen machen zu können, wie etwa genau diese: Wir können Zeit als etwas erleben, was eine Intensität ermöglicht. Wenn du dir vorstellst, die Bilder in deiner Fantasie würden direkt, ohne zeitliche Verzögerung, in deine Realität übergehen, dann wäre das etwas anderes, als wenn du drei Wochen oder länger dir Mühe gibst, etwas in dein Leben zu bringen: Eben mit entsprechendem Einsatz ein solches Ergebnis zu erzielen, als wenn du einmal mit dem Finger schnippst.

Also, mich würde es nicht stören...

Ja, vielleicht. Aber dann müsstest du so viel Selbstdisziplin besitzen, dass du das auch händeln kannst.

Was denn genau?

Das, was du da gerade in dir bewegst, erschafft sofort ein Ergebnis. Prima. Wenn es etwas Passendes ist. Was aber, wenn du deine üblichen Schrottgedanken denkst und schlechte Gefühle fühlst? Dann fliegt dir in Sekundenbruchteilen dein ganzes Leben um die Ohren.

Was wäre dann anders, als mein jetziger Zustand?

Vermutlich nichts. Oder sehr viel. Aber ein Leben mit einer gewissen Kontinuität wäre nicht möglich. Es sei denn, du würdest so viel Disziplin in der Gestaltung deiner Denk- und Gefühlsstruktur aufbauen können, dass es ähnlich zu deiner hiesigen Wirklichkeit wäre. Aber das ist ja nur Theorie. Hier ist alles mit einer zeitlichen Verzögerung erlebbar, man könnte auch sagen, dass jede Energie, die du aussendest, erst einmal entkräftet wird.

Also jeder förderliche Gedanke macht sich erst später wirklich positiv bemerkbar...

Das schon. Aber eben auch jeder Negative. Und das hat den Vorteil, dass du diesen negativen Gedanken noch ausgleichen kannst, weil es dir vielleicht auffällt, dass du gerade Unsinn gedacht hast und das für dich gar nicht so willst. Also nicht die entsprechende Konsequenz erleben möchtest. Dann hast du noch ausreichend »Zeit«, an guten Gedanken oder Gefühlen zu basteln. Nichts anderes machen wir in unseren Übungen ja auch: Wir revidieren das, was wir nicht mehr haben wollen, indem wir es ersetzen durch eine Alternative, von der wir glauben, sie wäre passender für uns. Ob uns das Ergebnis dann tatsächlich gefällt, ob wir es uns denn so vorgestellt haben, werden wir sehen. Aber wenn du das erstmal kannst, wenn du fit wirst in Imagination und dem Erzeugen von speziellen Gefühlen, dann ist es am Ende ein leichtes, Korrekturen mit einzubringen, die dich immer näher an das heranführen, was du haben möchtest. Und je mehr Energie dadurch frei wird, je mehr kannst du wiederum investieren. Bis du schließlich voll von Energie bist. Und dann sind noch ganz andere Dinge möglich...

Dumme Frage: Welche denn?

Auch das wird wohl Thema des nächsten Buches sein. Ich habe, wie du siehst, keine Probleme damit, schon mal die Werbetrommel zu rühren.

Scheinbar.

Vielleicht bist du bis dahin ja auch schon zu zweit. Wer weiß...

Bitte keinen Druck aufbauen. Außerdem will ich nichts mehr darüber hören.

Du bist wirklich ein Sensibelchen.

Wenn du meinst. Aber du hattest meine Frage noch nicht wirklich beantwortet.

Warum? Welche?

Nach den Fallstricken. Das, was die Übungen behindern könnte.

Aber davon spreche ich doch die ganze Zeit.

Ja und nein. Wenn ich bei mir überlege, wie es bei mir ist, dann frage ich mich jeden Abend innerlich, ob es tatsächlich Sinn macht. Ich meine, es ist mir vom Kopf her klar, dass es funktioniert. Aber irgendwie habe ich das Gefühl, die Ergebnisse werden nicht wirklich sichtbar. So eindeutig. Weißt du, was ich meine?

Sicher. Das liegt aber daran, also jetzt konkret bei dir, dass du Probleme hast mit der Imagination an sich. Und das wiederum liegt daran, dass deine Fantasie über die Jahre verkümmert ist. Als Kind hattest du reichlich davon, irgendwann aber beschlossen, sie nicht mehr zu gebrauchen. Und das musst du dir jetzt wieder zurückholen.

Wie?

Habe ich schon gesagt. Indem du deine Routine unterbrichst. Neue Dinge ausprobierst. Vorzugsweise welche, die kreative Gedanken fördern können. Du könntest beispielsweise mal ins Theater gehen, dich schick machen und schauen, was da so für ein Völkchen rumläuft. Einfach mal eintauchen in andere Gefilde, ohne innerlich zu werten, ob das alles sinnvoll ist, ob die alle einen Knall haben, oder was weiß ich. Es geht um wertfreies Erleben. Und das muss anders sein, als du es gewohnt bist. So, wie deine nächste Freundin...

Ist sie Schauspielerin?

Wie kommst du jetzt darauf?

Theater? Etwas Neues erleben?

Also dafür, dass du angeblich nichts mehr darüber hören wolltest, bist du ganz schön neugierig.

Weil du das ständig anstiftest.

Du musst doch gar nicht darauf anspringen. Im Übrigen wollte ich damit auch nur zum Ausdruck bringen, dass es Sinn macht, falls man hier und da vielleicht etwas kopflastig unterwegs ist, mal frischen Wind in sein Leben zu bringen.

So weit komme ich noch mit. Aber wenn ich gleich loslegen möchte mit meiner abendlichen Fantasie, wie sähe denn ein Quickstart ohne Vorbereitung aus?

Du meinst, wenn man noch etwas statisch ist im Hirn?

Zum Beispiel.

Jeder von uns hat doch bestimmt schon mal was erlebt, was ihn oder sie völlig geflashed hat. Tief innen berührt oder sonst wie in eine durch und durch positive Stimmung gebracht hat. Man könnte nun ein solches Ereignis nutzen, es sozusagen wieder herholen, um wieder in diese Stimmung zu kommen. Sie muss nur geeignet sein, um das, was ihr an Fantasie aufbauen wollt, zu unterstützen.

Noch eine Anschubfinanzierung?

Es geht ja um Gefühle. Als treibende Kraft, um Wirklich-keit zu erzeugen. Theoretisch könntet ihr auch Gefühle irgendwie anders erschaffen. Ohne vorher eine Fantasie aufzubauen. Möglich wäre eben auch eine Erinnerung an Erlebnissen aus eurer Vergangenheit. Aber auch das wäre ja eine Art Imagination. Ihr stellt euch die entsprechende Situation von damals noch einmal vor und erinnert euch so an diese tollen Gefühle. Es geht im Grunde aber nicht um die damalige Situation an sich, sondern nur um das damalige Ergebnis. Aber wie auch immer diese Brücke aussieht, wenn sie geeignet ist, für euch die Verbindung zu den gewünschten Gefühlen zu bringen, dann ist ja alles gut.

Wie bekomme ich denn schnell ein Ergebnis. Um nicht so lange warten zu müssen?

Indem du dir etwas vorstellst, das nicht so aufwendig ist. Was sich schon relativ nah an deine jetzige Wirk-lichkeit anlehnt.

Was könnte das beispielsweise sein?

Wenn du vielleicht gerade schon auf der Suche nach einer neuen Wohnung bist, dann hast du ja schon mal Energie investiert. Du hast schon Inserate gelesen, dir Gedanken gemacht, über Größe und Preis und ande-re Dinge, die dir wichtig sind. Vielleicht hast du auch schon die ein oder andere Besichtigung hinter dir. Jetzt mag es sein, dass du gar nicht mehr so viel brauchst, damit die passende Wohnung kommt.

Nicht mehr so viel Zeit?

Nicht mehr so viel Energie. Alles ist keine Frage der Zeit, sondern der Energie, die du investierst. Streng genommen kannst du, auch in dieser Wirklichkeit, ganz schnell Ergebnisse erzielen, wenn du nur ausreichend Energie auf einen bestimmten Punkt richtest. Aber darum soll es hier ja gar nicht gehen. Wir sind ja noch ganz normal unterwegs und akzeptieren, wenn auch manchmal zähneknirschend, dass das Gute noch etwas braucht. Nicht wahr, Stephan?

Ich weiß nicht, wovon du sprichst.

Also mag es in unserem Beispiel vielleicht so sein, dass etwas Entscheidendes noch fehlt, damit die Wohnung kommt.

Was könnte es sein?

Vielleicht ist sie nur einen kleinen »Energieschub« weit entfernt. Möglicherweise habt ihr euch über praktische Dinge Gedanken gemacht, wie weit ihr es zur Arbeit haben möchtet, ÖPNV in der Nähe? Anzahl der Zimmer, maximale Kosten und so weiter. Das entscheidende aber, ob die Wohnung tatsächlich zu euch passt, ist das Gefühl, was ihr dort haben werdet.

Und wie sollte das sein?

Theoretisch genau passend zu eurem Wesen. Nun ist das, wie wir gehört haben, ja gar nicht so leicht zu entschlüsseln und wir müssen uns etwas darauf verlassen, in welche Richtung unser Gefühl tendiert. Würde es uns, beispielsweise, gefallen, wenn die Wohnung einen Kaminofen hätte? Und ihr im Wohnzimmer bei prasselndem Feuer in einen Park schauen könntet? Mitten in der Stadt? In einer ruhigen Gegend? Wenn ihr jetzt aber einwendet, dass solche Wohnungen so gut wie gar nicht zu haben sind, seid ihr bereits wieder reingefallen. Und auf was?

Auf unsere Vergangenheit?

Natürlich. Selbstverständlich sagt euch euer Kopf, dass das nicht geht. Das liegt weit über dem Budget, wenn es überhaupt zu haben ist. Und woher hat euer Kopf diese Information?

Von anderen?

Von wem oder was auch immer. Allgemeine Meinung, Medien, angespannter Wohnungsmarkt, persönliche Erfahrungen von Bekannten, weiß der Kuckuck. Und wenn ihr vielleicht selber schon solche Erfahrungen gemacht habt, dann ist das natürlich ein weiteres Indiz, dass der Kopf sagt: »Siehst du, ich habe es gewusst! Bau keine Luftschlösser, am besten du bleibst in der jetzigen Wohnung, am Ende kriegen wir nur noch ein Kellerloch und dann ist es aus...«

Ja, so ungefähr.

Schön bescheiden bleiben. Was der Kopf aber nicht weiß, was er auch gar nicht wissen möchte, dass es nach Statistiken gar nicht geht. Es geht einzig und allein um das, was ihr aussendet. Und wenn dieser Inhalt mit Verzagtheit und Angst zu umschreiben ist, dann erlebt ihr genau das. Wenn der Inhalt aber zusammengefasst lautet: »Ich lande einen Volltreffer!«, dann erlebt ihr ebenfalls genau dies. Einfach eine Sache von Wahl und Technik. Nicht mehr.

Easy.

Genau.

Und wie weiter?

Entspannt. Wenn du alleine eine Wohnung suchst, dann kannst du dir auch alleine überlegen, was du haben möchtest. Wenn du aber alleine eine Wohnung suchst, aber gar nicht alleine bleiben möchtest, dann überlegst du, was deine Freundin oder Freund haben möchte.

Wie soll ich das wissen?

Du weißt es nicht. Aber wenn man vielleicht romantisch veranlagt bist, wie du, zum Beispiel, dann würde so ein Feuerchen im Wohnzimmer durchaus Sinn ergeben. Dann könntest du dir vorstellen, wie du mit deiner Freundin auf der Couch, vor dem Kamin unter der Decke gekuschelt, verträumt in das Feuer schaust. Und natürlich dampfen vor euch zwei Tassen mit heißer Schokolade und übermäßig viel Sahne obendrauf.

Verschwenderisch...

Ja. So wie die ganze Wohnung. Alles passt, Größe, Zuschnitt, Nachbarn und ein zusätzliches Zimmer wäre auch noch da, wenn ihr mal Besuch bekommen solltet.

Gute Freunde inklusive!

Das meine ich zwar nicht mit »Besuch«, aber das ist natürlich auch legitim.

Und wenn ich schon in einer Partnerschaft lebe, dann muss ich mich vorher mit dem Partner verständigen? Ich meine, wenn ich heimlich meine Übungen machen würde und ihm nichts davon sagen? Und so meine Vorlieben durchsetze, die er vielleicht gar nicht möchte?

Das wäre nicht ok. Aus meiner Sicht. Was zudem auch sein könnte, wäre, wenn du das so machst, dass du am Ende tatsächlich allein in der neuen Wohnung hockst. Einfach weil sich dein Partner nicht wohl fühlt, weil er spürt, dass es dir egal ist, was er möchte. Du solltest dich dann einfach fragen, warum du keine Rücksicht auf seine Bedürfnisse nehmen willst. Wenn du zu dem Schluss kommst, dass ihr insgesamt weit mit wichtigen

Vorstellungen auseinanderliegt, dann kannst du die Sache ja auch gleich beenden. Aber warum nicht möglichst viel von dem, was beide gut finden, in die Wohnung packen? Von mir aus auch ein zusätzliches Zimmer, damit jeder seinen Rückzugsort hat? Das Beste wäre natürlich, wenn beide an einem Strang ziehen und ihr euch eine gemeinsame Fantasie macht. Im Regelfall passiert das ja auch schon, wenn man sich über eine Wohnung unterhält. Was sie bieten sollte und so weiter. Da hat ja jeder seine eigenen Bilder schon im Kopf. Das ist ja nichts anderes als Imagination. Allerdings nicht so organisiert, so zielgerichtet, als wenn du eine Übung davon machst.

Verstehe.

Der eigentliche Antrieb sollte immer die Lust sein. Lust auf etwas Neues, auf spannende, berührende Erlebnisse. Wenn beide das beabsichtigen, dann sind sie noch viel weniger aufzuhalten, als einer oder eine alleine.

Die Kraft verdoppelt sich.

Nein.

Wie denn?

Sie vervierfacht sich eher. Zumindest dann, wenn der Inhalt der gemeinsamen Absicht weitestgehend deckungsgleich ist.

Warum vervierfacht? Das klingt irgendwie unlogisch.

Ja, auf den ersten Blick schon. Aber Energie hat die Eigenschaft, sich unter bestimmten Umständen zu potenzieren. Deshalb sind Gruppen auch so stark. Sie sind mehr als die reine Anzahl ihre Mitglieder.

Na gut.

Bist du jetzt etwas mehr befriedigt, oder hast du noch etwas offen?

Ich weiß gerade nicht. Ich überlege...

Mal als Beispiel: Du bist ja jemand, der problemlos alleine sein kann. Aber nicht immer will. Und so geht es ja vielen. Sie brüten gerne mal alleine über alles nach und vergessen vielleicht öfter mal, dass es anderen auch nicht viel anders geht. Es spräche also nichts dagegen, aber eben einiges dafür, dass ihr euch mit anderen austauscht, wenn es um Wünsche und neue Perspektiven geht.

Die Frage ist nur mit wem...

Ja sicher. In jedem Fall mit Menschen, die nicht das, was ihr an Gedanken und Plänen so in euch bewegt, torpedieren wollen. Die braucht ihr nicht. Eher Menschen, die euch mögen, die euch auch schon in anderen Dingen unterstützt haben. Die aber vielleicht noch nicht darauf gekommen sind, dass hier ungeahnte Potentiale liegen. Natürlich ist es schön, Freunden beim Umzug zu helfen, das, was ich kann, einzubringen. Aber vielleicht geht da ja noch mehr...

Hinsichtlich?

Sich bei einem netten Abend mal Gedanken zu machen, was jeder noch in seinem Leben erleben möchte. Kurzfristig, langfristig. Das Ganze einfach mal als Frage in den Raum zu werfen. Vielleicht auch mit dem Hinweis, dass ich mich irgendwie verändern möchte, aber keinen konkreten Plan habe, wie. Und dass ich dankbar wäre, wenn der Rest mal so seine Sicht der Dinge kundtun könnte. Nicht weil das anschließend diskutiert werden müsste, nur um es einmal gehört zu haben. Vielleicht ist man verwundert, was aus der ein, oder dem anderen herauskommt. Vielleicht sieht man seine Freunde anschließend gar mit anderen Augen. Und vielleicht schnappe ich Impulse von ihnen auf, die für mich auch passen könnten, auf die ich allerdings noch gar nicht gekommen bin.

Das könnte schon ganz schön lustig werden...

Was auch immer es wird. Bereichernd in jedem Fall. Das muss man dann offenlassen. Bloß nicht anfangen zu diskutieren, ob das ein oder andere wohl überhaupt funktionieren könnte...

»Also ich habe die Erfahrung gemacht, dass...«

...es niemanden interessiert, was für eine Erfahrung ich gemacht habe. Es geht einfach nur um Neues, um neue Perspektiven. Der Verstand hat das Maul zu halten.

Sei nicht so schroff.

Eher unmissverständlich. Der Verstand soll sich um die Dinge kümmern, für die er gebaut wurde. Um den Rest kümmert ihr euch.

Die Frage wäre, wer dieses »ihr« denn überhaupt sein soll...

Das entscheidet ihr selber. Wenn ihr nur aus Verstand, aus Vergangenheit bestehen wollt, dann ist das so. Wenn nicht, dann...

Dann?!

Dann seid ihr auf dem Weg, euch wieder zu erinnern, warum ihr auf die Erde gekommen seid. Und wenn ihr empfänglich für diese Information seid, dann habe ich keine Bedenken, dass ihr das nicht auch schafft. Und wie ihr euch dann nennen wollt, ob einen Teil eurer Seele oder Gottes, ist nicht von Belang. Man muss es doch auch gar nicht so aufblasen. Es reicht doch völlig, die Dinge zu durchschauen, was und warum ihr in eurer Vergangenheit erlebt habt und was ab jetzt euer neuer Plan sein soll. Und dann zählt nur noch machen.

Easy.

Genau. Und du machst dir mal Gedanken, wo du in Zukunft mit deiner neuen Freundin wohnen willst.

Kaminfeuer klingt schon mal gar nicht so schlecht.

Und Kakao mit Sahne?

Nehme ich auch.

Egoist.

Nehmen »wir« auch.

Schön. Dann wäre es doch jetzt rund, oder?

Vielleicht ja.

Oder hast du noch etwas auf dem Herzen?

Du hast noch gar nicht gesagt, wie sie ist und wo ich sie finde...

Hast du eine Meise?!

Warum?

Wenn ich dir das sagen würde, würdest du vermutlich den ganzen Horizont absuchen und gar nicht merken, dass sie vor dir steht.

Habe ich sie schon mal gesehen?

Kein Kommentar.

Aber wie ist sie so? Vom Typ her?

Was soll die Fragerei.

Ich möchte mich darauf einstellen.

Auf die kannst du dich nicht einstellen. Das ist und bleibt eine Überraschung.

Eine klitzekleine Information? Eine Minimicrobeschreibung?!

Du machst mich irre! Na schön: Ein verrücktes Huhn mit Herz.

?

Sprachlos?

Ja.

Bestens. Das lassen wir dann so...